SUR

LA RELIGION ST.-SIMONIENNE.

SUR
LA RELIGION
Saint-Simonienne.

> La meilleure religion est celle qui répond le mieux aux besoins et aux sympathies des hommes ; le meilleur dogme, celui qui satisfait le mieux leur raison ; le meilleur culte, celui qu'ils peuvent pratiquer le plus facilement et sans faire violence à leur nature.

NANCY,
IMPRIMERIE DE DARD, SUCCESSEUR DE M. BARBIER,
RUE DE LA DOUANE, N° 13.

1832.

SUR LA RELIGION

SAINT-SIMONIENNE.

Contraint par l'impérieuse vérité que j'aime, désireux de détruire les idées fausses que l'on se forme de la religion Saint-Simonienne, cette religion si digne de l'amour de l'humanité toute entière; consultant aussi le vœu d'une foule de personnes qui brûlent de la connaître et peut-être de la pratiquer, sans être moi-même encore Saint-Simonien, mais plein d'admiration pour la mission sublime qu'elle vient remplir et que je seconderai de toute ma puissance, j'ose me hasarder de donner au public nn léger aperçu de ce qu'elle est.

Si pour cela je me sers quelquefois de paroles qui ne sont pas à moi, c'est qu'elles l'expriment plus dignement que les miennes; c'est que je veux mieux montrer comme elle est belle et vraie. Aussi, fort de l'intention qui me dirige, j'espère que personne dans son sein ne saurait m'en faire un crime.

Puisse cet écrit, en la faisant voir comme je la conçois, la faire aimer comme je l'aime, et hâter l'instant où, connue, honorée et pratiquée, elle ira, grande et glorieuse, conduisant les générations affranchies au terme de la félicité!!

Toutes les institutions sociales doivent avoir pour but l'amélioration du sort moral, physique et intellectuel de la classe la plus nombreuse et la plus pauvre.

Tous les priviléges de la naissance, sans exception, seront abolis.

A chacun selon sa capacité, à chaque capacité selon ses œuvres.

CHAPITRE PREMIER.

Faut-il examiner une nouvelle religion? L'ancien régime répond-il aux besoins de l'époque actuelle?

Quand pour la première fois l'on entend parler du Saint-Simonisme, il est naturel de se dire : Pourquoi donc une nouvelle religion? Nous en avons une ou nous n'en avons pas; si nous en avons une, faut-il la renier, l'apostasier, la trahir? La loi de nos pères ne doit-elle pas mieux être la nôtre que celle que nous connaissons à peine et que nous n'accepterons jamais sur la foi de Saint-Simon.

Si au contraire nous n'en avons point, le siècle des dévots s'envole et la meilleure religion c'est celle que nous tenons de la nature, c'est la voix de la conscience. Et maintenant que le monde a vu clair, est-ce que l'on ne sait pas que le mot de religion est un synonyme de mensonge et d'intolérance fanatique? Puis, l'on infère de là que les Saint-Simoniens n'ont pas même le droit de perdre le temps à débiter des choses inutiles.

Mais ceux qui parlent ainsi ne sauraient nier que la Divinité peut toujours, dans tous les temps et par qui bon lui semble, *Saint-Simon*, *Jésus* ou *Moïse*, se révéler aux hommes. Or, en admettant pour un instant, avec eux, que la religion qu'ils professent est la seule vraie, on leur demandera s'ils pensent que, dans cette hypothèse, leurs pères, Juifs ou Païens d'abord, eussent prudemment agi en se décidant d'après un raisonnement pareil : c'eût été fermer les yeux à la lumière. Aussi, plus sages, ils ont senti qu'effectivement ils ne devaient pas recevoir une nouvelle religion sur parole, mais que s'il arrivait pourtant, après avoir mis une impartialité franche à l'examen de ses preuves, qu'elle portât la conviction dans leur âme, elle serait de toute nécessité la bonne, la vraie religion, celle à laquelle la leur devait être sacrifiée sans remords ni pitié. Voilà comme ils ont raisonné, et maintenant ils ont le bonheur de s'être convertis.

Ont-ils bien ou mal fait? Les condamner c'est rejeter la religion qu'on a héritée d'eux; les absoudre, c'est avouer qu'il faut examiner le Saint-Simonisme avant de le repousser, de le calomnier peut-être : et cela quoi qu'en puissent dire les prêtres catholiques qui, la plupart, vrais pharisiens pour l'égoïsme et l'hypocrisie, craindraient sans doute qu'on arrachât de leurs mains intéressées, la verge de fer avec laquelle ils paissent sur un sol aride et meurtrier les infortunés troupeaux que leur confia la Providence.

Quant aux hommes qui, dégoûtés d'un passé menteur, se vantent d'être assez fortement retranchés dans leur conscience et dans la nature pour résister au tourbillon corrupteur, seuls et sans le secours d'une religion, ils en pratiqueraient une à coup sûr, si, parmi celles qui se partagent le monde, ils en trouvaient une plus conforme à leur raison, moins trompeuse et plus en harmonie avec les besoins de la société. Que ceux-là examinent donc aussi, et qu'ils jugent.

Ils seraient grossièrement abusés s'ils imaginaient que la religion Saint-Simonienne, comme toutes celles d'autrefois, fondées depuis long-temps sur l'ignorance et la crédulité qu'elles exploitaient à leur avantage, traîne à sa suite un cortége absurde et obligé de miracles, de mystères et de cruel égoïsme. Elle se présente, elle, sans autre appui que la raison ; sans autres mystères que ceux de la nature ; sans autre miracle que la conviction qu'elle donne pour gage de sa vérité. C'est une religion simple, naturelle, basée sur le progrès, la justice, l'amour, l'association, la tolérance politique et religieuse dans toute l'étendue de ce mot.

Mais voyons un peu ces institutions religieuses du passé, que l'on craint tant d'apprécier à leur juste valeur, et que les simples d'esprit embrassent toujours avec cette fureur et cette ténacité tout à la fois exclusives et dangereuses, tandis que les grands hommes, les hommes inspirés par le génie du bonheur des peuples et de la vérité des choses, leur ont si souvent fait la part de gloire et d'utilité, sans respect pour les erreurs de chacune.

Toutes elles ont eu une mission spéciale à remplir, un but matériel à atteindre, indiquant pour la société un pas de plus à faire vers la perfection, un progrès à obtenir dans l'amélioration de l'espèce humaine ; et si, ce but atteint plus ou moins, elles ont péri successivement pour céder la place à d'autres plus neuves, plus en rapport avec les besoins des générations contemporaines ; ou si, considérablement affaiblies, elles sont maintenant impuissantes à procurer aucune réalité de bien-être, s'en vont tous les jours, et ne ressuscitent un instant dans les livres que pour mourir d'une manière plus incontestable parmi les hommes, c'est que dans l'organisation de toutes, il y avait un germe commun de destructions communes, je veux dire l'*immobilité*. Comme le joueur qui, fixé à un terme, s'éloigne d'autant plus de la boule qu'il l'a lancée avec plus de vigueur; ainsi ces institutions religieuses, plus elles ont hâté le progrès des nations qu'elles doivent diriger, plus elles les ont lancées loin dans l'avenir, plus elles se sont elles-mêmes reculées vers le passé, où vieillies sans avoir grandi, elles vont enfin mourir dans l'isolement des tombeaux.

« Le protestantisme (*), par exemple, s'abîmant » dans une stérile métaphysique, et s'épuisant à » commenter et à expliquer la tradition, sans vue » d'avenir et de progrès social, n'a évidemment » plus d'influence sur les destinées du genre hu- » main. »

Le christianisme qui, grand et sublime un jour, vint arracher la moitié de l'humanité gémissant dans les fers que lui imposait l'autre, et proclamer à la face du monde étonné la fraternité universelle, vit bien que, pour arriver au but qu'il se proposait, il lui fallait ménager les susceptibilités des maîtres, et montrer que s'il brisait leur puissance, ce n'était pas pour se mettre à leur place. De là l'ingénieuse idée de renoncer au royaume de ce monde; de là cet esprit d'humilité, d'abnégation de soi-même, de soumission, de compassion tendre qui, en

(*) Le protestantisme n'est d'ailleurs qu'une négation du catholicisme.

constituant son caractère, étaient aussi des vertus nécessaires à l'accomplissement de sa mission; vertus tellement inhérentes à sa nature, qu'aujourd'hui encore, quand il les foule aux pieds, il ne cesse de les prêcher aux hommes et de vouloir leur persuader qu'il les possède.

Mais c'est en vain qu'il poursuit cette chimère: son histoire trop connue est là qui dépose au tribunal de la postérité; elle nous apprend que sitôt que l'esclavage expire, un germe d'ambition s'est manifesté en lui. Dès ce jour, minant lentement la base de tous les pouvoirs, en silence, il épie l'occasion de les supplanter tous. A peine a-t-elle paru, avide, il s'en empare; et comme il avait été inquiété, dominé, persécuté, il devient à son tour inquiétant, dominateur, tyran des peuples et des intelligences, et de l'alliance sacrilége de deux pouvoirs que son fondateur avait dit incompatibles; il forme enfin une espèce d'amphibie à deux volontés contradictoires et destructrices l'une de l'autre.

Voilà le christianisme romain, qui ne ressemble pas plus au christianisme de Jésus-Christ que l'obéissance à la tyrannie, l'humilité à l'orgueil, la justice à l'injustice, la douceur à la cruauté; voilà l'auteur des massacres, des bûchers, de la hideuse inquisition, celui qu'un grand homme (*) disait *être si évidemment mauvais, que c'était perdre le temps que de s'amuser à le démontrer*.

(*) Rousseau.

Aussi, du moment qu'il manque à sa mission, au lieu du juste tribut d'amour, de reconnaissance et de gloire qui lui était religieusement payé par toutes les générations, il se trouve tout à coup plongé dans un atmosphère d'indifférence, de mépris et de haine, qui le tue comme un poison lent. Voyez-le, géant vieilli, son front menteur est courbé vers la terre à laquelle il eut la bassesse de s'attacher; mais où lui-même, en punition de son crime, il est réduit à creuser l'abîme qui doit l'engloutir à jamais.

Et telle est sa folie qu'il prétend à l'immortalité, lui qui, s'appuyant aussi sur un dogme immobile (*), le même aujourd'hui qu'il y a dix-huit cents ans, voudrait encore, en dépit de la Providence elle-même, appliquer ce dogme usé sur des hommes qui ont dix-huit siècles de progrès sur lui, et qui ne veulent plus de ses moyens de salut ni pour ce monde ni pour l'autre.

Il est inutile de prouver d'une manière aussi rigoureuse, comme il serait aisé de le faire, que le judaïsme exclusif et haineux, comme l'absurde et cruel mahométisme, n'ont plus de pouvoir sur les destinées futures de l'humanité.

A d'autres temps, à d'autres hommes; à d'autres besoins, à d'autres habitudes il faut de nouvelles institutions progressives, pour être définitives, impérissables et vraiment pacificatrices.

(*) Et très-incomplet, puisqu'il proscrit la matière.

D'un autre côté, les restes de la féodalité tombent incessamment sous les coups du libéralisme heureusement destructeur, mais trop sobre de réédification ! La féodalité tombe ! que dis-je? Aujourd'hui, dans le siècle des lumières et des libertés ; aujourd'hui, que l'on s'est empressé de proclamer les droits de l'homme, comme si, en les lui montrant d'une manière si dérisoire, on eût voulu ajouter encore une douleur à toutes les douleurs ; aujourd'hui, qu'il paie pour être libre, il gémit dans un esclavage non moins vrai, non moins attroce que l'esclavage antique, avec cette différence cependant que ceux qui l'imposent ont le droit sublime de l'imposer sans remords ! C'est l'esclavage de l'argent et des priviléges de la naissance, nouvel *ineluctabile fatum* qui fait dépendre les masses du caprice d'un petit nombre d'oisifs engraissés des sueurs du pauvre, dont le mérite, les talens, l'activité, le courage ne sont pas une garantie contre tout ce que la misère humaine a de plus effrayant : *la mendicité, le désespoir !*.... Car il faut bien en venir là quand le hasard aveugle nous déshéritant avant de naître, nous soumet brutalement à l'influence du malheur et à toutes ses lois, et que les besoins de ces oisifs propriétaires ne sont plus en rapport avec le nombre, toujours croissant, des prolétaires que les révolutions publiques et privées entassent tous les jours pâles et rongés de souffrance ! Et c'est en vain que l'indigence élève une voix déchirante, qu'elle montre ses plaies hideuses à voir, qu'elle réclame une existence que le ciel lui légua ; il faut qu'elle subisse ce joug de fer, qu'elle reste là, qu'elle y vive ! qu'elle y meure en bénissant la main qui la frappe, ou bien qu'elle se ravale à mendier et à recevoir avec honte ce qu'il ne lui est plus donné de conquérir à la pointe de son travail !

Et pour un si grand mal, demandez donc un remède à tous les économistes politiques ; aux mandataires du peuple qui souffre, qui crie et qui paie ; au libéralisme lui-même, ou bien au christianisme, cette religion d'amour donnée aux hommes pour détruire l'esclavage de la force brutale qui subsiste pourtant encore dans la plupart des colonies d'Amérique ?

Et vous entendrez dire tantôt que c'est un mal nécessaire, incurable, auquel on n'a peut-être pas eu le temps de songer ; tantôt que c'est un mal d'un ordre naturel, légitime, parce qu'il crée la charité !!..... Toutes ces réponses cruelles, qui témoignent bien haut de l'impuissance et de l'insuffisance de l'ancien régime et du libéralisme lui-même, dont les efforts combinés avec ceux de la philosophie critique, n'ont pu détruire encore les restes toujours subsistant de ce régime réprouvé qui, dans le naufrage général, présentant encore le seul point sur lequel la vieille société chancelante puisse s'appuyer, ne peut être renversé avec violence, mais insensiblement transformé, converti et non détruit.

Eh bien Saint-Simon est le gand homme qui, seul, n'a pas craint l'immensité de l'œuvre, et qui, à force d'amour, de travail et de dévouement, a trouvé, par inspiration sans doute, le vrai remède à tous les maux de l'humanité.

Vous donc qui, par habitude, égoïsme ou faiblesse, restez encore accrochés à ces débris d'un régime qui, impuissant, nous fait verser des pleurs qu'il n'essuie pas, ah! rompez en visière avec lui, et ralliez-vous à Saint-Simon qui vient sauver cette humanité dont vous êtes une portion bien chère aussi. Elle est arrivée dans la terre promise. C'est là que tous les partis réunis, attachés les uns aux autres par un lien d'amour, de travail, de paix et de vraies libertés vont enfin oublier les vieilles haines pour ne plus penser qu'à faire un paradis sur la terre, en attendant une vie meilleure dans une existence future.

CHAPITRE II.

De la Politique Saint-Simonienne.

Maintenant que l'on sent l'insuffisance de l'ancien régime; que l'on touche du doigt tout ce qu'il a d'absurde, d'odieux et de brutal, surtout vis-à-vis de la classe la plus nombreuse et la plus pauvre, éternel jouet des riches et du clergé; maintenant que, par la connaissance des vices des institutions vieillies, on est plus à même de juger une politique et une religion qui, ensemble et étroitement unies, doivent les remplacer toutes, il est temps de montrer en peu de mots ce qu'elles sont.

Mais est-il besoin d'avertir que jamais les Saints-Simoniens n'ont eu la prétention téméraire d'apporter à l'humanité des institutions parfaites? Tout ce qui l'entoure, tout ce qui est en elle, tout ce qui vient d'elle, et ils le savent trop bien! n'est-il pas marqué au coin de la faiblesse et souvent de la perversité? Est-elle parfaite la religion qui nous éleva? elle que tant d'opinions diverses repoussent ou déchirent, quand la perfection est une et ne saurait être contestée? La constitution présente de la société n'a-t-elle pas forcé les mains avides de travail et cependant oisives de ce père qu'écrase la douleur à la vue d'une famille qui l'implore en vain, quand elle meurt de misère, à se tremper furieuses dans le sang de l'homme heureux, pour arracher ses dépouilles et les faire servir à payer aux siens une existence qu'il faut acheter? A-t-elle compté les jours trop peu nombreux de cet infortuné moins coupable qu'elle? pour une faute légère, pour l'erreur d'un moment, au lieu de travailler à l'amélioration sociale et privée, en se réformant elle-même ; au lieu d'enlever du sein de l'humanité cette semence de vices et de crimes : l'intérêt exclusif, père de cette exécrable rapacité avec laquelle on ne s'arrache les emplois et l'ouvrage même qu'à condition d'en dépouiller les autres, n'a-t-elle pas ravi tout espoir de retour à la vertu à une multitude d'êtres faits pour la goûter, en les enterrant pleins de vie et de repentir dans ces repaires affreux, où le vice est là nu, perpétuel et hideux comme dans son sanctuaire ?

Les Saints-Simoniens ne prétendent donc pas donner des institutions parfaites au monde, que pour son propre bonheur ils s'efforcent d'amener sous la même bannière pacifique, mais des institutions perfectibles moins tyranniques, moins injustes, et surtout moins menteuses que toutes celles qui jusqu'à présent l'ont régi ; et, quoi qu'il fasse, s'identifiant par une loi nécessaire à tous les progrès dès qu'ils apparaissent, il lui est impossible de les combattre long-temps avec avantage, puisque la multiplicité même des obstacles qu'il accumule, les favorise, en leur laissant le temps de prendre des racines plus profondes, avant de grandir en bravant les orages. Eh bien ! Saint-Simon aussi apporte un vaste progrès, supérieur à tous les autres, dont il est le complément ; et c'est en vain que le monde, habitué à ses vieilles chaînes, recule à l'aspect de la vraie liberté ; c'est en vain que plus audacieux, il se débat, crie, se soulève, et veut terrasser un ami qui l'embrasse : le progrès inévitable, déjà tombé sur lui, l'enveloppe comme un réseau immense.

Henri Saint-Simon, issu d'une des plus illustres familles de France, qui, par les comtes de Vermandois, prétendait descendre de Charlemagne, eut de bonne heure le sentiment de sa haute destinée. Il se fit militaire à l'âge de dix-sept ans, et suivit, l'année d'après, le général Lafayette en Amérique, d'où il revint ensuite, après cinq campagnes, la tête travaillée des idées sublimes que lui avait inspirées le drame sanglant des révolutions et des guerres.

Vivement affligé des souffrances de l'humanité, profondément inquiet sur les destinées d'un peuple qu'il idolâtrait, et qu'il voyait se rouler avec fureur dans l'abîme, en déracinant violemment tout ce qui tenait au passé.

Seul au milieu du bouleversement universel, debout et calme sur des décombres, d'une main rapide et sûre, il traçait les grandes destinées de l'avenir.

Il avait bien vu que la jeune société ne pouvait plus rester sous le toit croulant et mesquin de sa mère; mais il comprit qu'elle n'abandonnerait entièrement sa masure que lorsqu'on viendrait lui offrir une habitation digne d'elle. Dès lors il sacrifia tout et souffrit tout pour se dévouer tout entier à la mission dont il crut que le ciel le chargeait; et après de vains efforts pour réaliser ce qu'il concevait, pauvre, obscur, abandonné, il finit en 1825 une carrière laborieuse et souffrante, mais philanthropique.

On pensait qu'avec sa vie s'évanouissait aussi ce que l'on appelait un rêve ; et voilà que quelques-uns de ses rares amis, tout à coup saisis de la même inspiration, se serrent la main, sèchent leurs larmes, et jurent sur sa tombe et par ses mânes de continuer son ouvrage devenu nécessaire.

Telle est l'origine de la conception Saint-Simonienne, dont le but est d'abolir à jamais l'esclavage et les priviléges de la naissance, de rétribuer chacun selon son mérite et ses œuvres, et d'organiser sur ce principe la société nouvelle, fondée sur la perfectibilité indéfinie et sur un nouveau mode d'héritage et de propriété. « Oui, sur un nouveau » mode d'héritage et de propriété, car la constitution » de la propriété, telle qu'elle est entendue aujour- » d'hui, n'étant que la modification du servage, » comme le servage lui-même n'était que la trans- » formation de l'esclavage, on doit concevoir que la » constitution actuelle de la propriété doit éprouver » une réforme complète. Il faut craindre pourtant » qu'il ne répugne d'accepter une telle conséquence. » S'il est vrai que le mode actuel de possession con- » sacre un privilége immense en faveur d'une classe » particulière, il faut convenir aussi qu'après tant de

» bouleversemens, c'est la seule base solide qui reste » à l'ordre social ; c'est un dernier lien entre les » hommes, car c'est l'unique intérêt au nom duquel » on les fasse encore agir avec quelque ensemble. Le » titre de propriétaire est à peu près le seul main- » tenant qui puisse inspirer au père quelque sécurité » sur le sort de ses enfans ; et s'il n'est que bien » rarement la garantie d'une capacité personnelle » dans celui qui possède, c'est au moins le seul » gage d'indépendance qu'on puisse concevoir dans » une société où toute dépendance est le plus » souvent sans dignité.

» Et nous voulons abolir l'héritage, transformer » la propriété! Oui, nous le voulons, parce que nous » mettrons à leur place des institutions qui satis- » feront bien davantage tous les sentimens d'affec- » tion paternelle, qui uniront entre elles non pas » quelques classes d'hommes, mais toutes les classes » sans exception : » car, si comme on ne cesse de le répéter, l'homme est né avec le sentiment de la propriété, s'il doit en avoir une, pourquoi donc, dans la société actuelle, l'immense majorité ne possède-t-elle que ses bras et ses larmes? Et si ce n'est pas là une négation frappante du principe, c'est au moins la démonstration rigoureuse d'une injustice atroce qu'il faut réparer, et c'est dans la société Saint-Simonienne seulement qu'elle doit disparaître.

Là, à peine échappés du sein de leurs nourrices,

tous les enfans reçoivent au nom et aux frais de la société une éducation morale et professionnelle complète ; puis ceux qui les dirigent les poussent dans l'une des trois branches, science, industrie, beaux-arts, vers les fonctions sociales les plus analogues au goût et au génie manifestés par chacun d'eux. La femme n'est plus comptée pour rien, elle est devenue la moitié du genre humain égale à l'autre, reçoit la même éducation que l'homme, jouit des mêmes droits, peut remplir les mêmes fonctions que ne repousse pas sa nature, recevoir la même rétribution. Et quand arrive enfin le temps d'occuper une place quelconque dans la grande famille, le jeune homme et la jeune femme se recherchent, s'aiment et s'unissent par conformité de goût, d'état, de vertu, de sympathies ; par inspiration de bonheur, si l'on peut ainsi parler, et non comme chez nous par l'appât de la dot, ce qui fait que la femme achetée ou vendue devient la proie des plus terribles malheurs. Malheurs qui ne seront plus à craindre dans la société nouvelle : aucun intérêt matériel ne pouvant plus porter à prendre une femme plutôt qu'une autre, puisque la dot matérielle, c'est-à-dire l'héritage patrimonial, est abolie pour être remplacée par l'héritage social, qui est la part du fond social que chacun a le droit d'exploiter selon sa fonction et sa capacité. L'alliance ne peut donc avoir d'autre fondement qu'une réciprocité d'amour, de capacités et d'heureuses espérances. Et si le divorce est permis, il doit être infiniment rare. C'est un malheur sans doute qu'il arrive, mais bien au-dessous de celui qu'éprouvent deux êtres contraints à vivre ensemble sans cesser un instant de se haïr, de se déchirer jusqu'à la mort. D'ailleurs, il ne faut pas en juger par ce qu'il serait sous le règne des lois actuelles, où les enfans abandonnés, mal instruits, privés des soins qu'ils réclament, ne font bien souvent que des monstres dignes de ceux dont ils tiennent la vie. Dans la société Saint-Simonienne, quand deux époux cessent de s'aimer, qu'il ne leur est plus possible de vivre ensemble sans être malheureux, ils se séparent et continuent avec désavantage, il est vrai, puisqu'il ne sont plus deux, à exercer le même emploi toujours rétribué avec justice, tandis que l'existence des enfans issus de cette union est toujours assurée : la société est là qui les accueille, les bénit, leur tient lieu de mère, et leur met entre les mains des instrumens de travail et de récompense.

Elle est donc cette société un grand corps composé de savans dans tous les genres, d'artistes dans tous les goûts, d'industriels dans toutes les parties. Chacun y travaille sur un fond commun dans l'intérêt de tous, et tous dans l'intérêt de chacun. De sorte que le trésor public se grossit incessamment de tout le produit social, et que plus la somme de travail effectué est grande, plus considérable doit être le revenu affecté à chaque capacité en proportion équitable de ses œuvres. Et comme il n'y aurait plus de ces cumulards oisifs qui consomment sans rien produire, celui qui ferait le moins devrait encore avoir une forte rétribution. Ajoutez que l'emploi des machines en tous genres, souvent si nuisible aujourd'hui, serait encore une source inépuisable de prospérité publique. Enfin, chaque profession s'organise en corps, corps de philosophes, de poètes, d'historiens, de littérateurs, de peintres, de sculpteurs, d'ébénistes, d'agriculteurs, de maréchaux, de maçons, de charpentiers, etc...; et chaque corps est un des individus collectifs du tout social concourant de toute sa force à sa prospérité et à son progrès.

Et que l'on n'aille pas dire que c'est là le renouvellement du système des castes. On naissait dans telle ou telle caste, il faillait y rester, il fallait y mourir avec toute sa famille sans jamais en changer. Aujourd'hui la chose est bien différente, on ne fait que réunir, associer les forces de tous ceux qui ont embrassé librement et par choix la même profession, et qu'ils peuvent quitter quand ils le voudront pour en prendre une autre, quoiqu'ils soient intéressés à la conserver à cause de la rétribution suivant les œuvres.

L'on conçoit aussi que là il ne doit pas se trouver de fonction dégradante, puisque toutes peuvent n'être considérées que comme une épreuve pour mériter de passer plus haut « et que, de simple ou- » vrier dans un atelier quelconque, on peut de- » venir chef de tous les ateliers dans un immense » territoire. D'ailleurs, partout où il y a ordre, but » commun à accomplir, amour réciproque des supé- » rieurs et des inférieurs, les services personnels » perdent leur caractère dégradant, parce que la » personne servie est digne de l'être, et que le ser- » viteur aime et vénère son chef. »

L'homme est indéfiniment perfectible; ainsi il ne faut pas qu'il reste stationnaire, il doit marcher, marcher sans cesse vers la perfection. Une faute est une déviation et n'appelle plus la peine, mais la lumière, l'amélioration, le progrès de l'individu.

Le Saint-Simonien doit donc, comme je l'ai dit, grandir continuellement en capacité, faire des œuvres plus dignes, courir avec intrépidité et courage sur tous les degrés de l'échelle immense où chacun monte d'autant plus haut, sans néanmoins gêner personne, qu'il fait de plus vigoureux efforts : chaque degré lui vaut une couronne, une récompense proportionnelle; et c'est celui qui, dans cet assaut dont nul n'est exclu, a montré le plus d'énergie, d'activité, de prudence, de capacité, d'universalité, de sympathie et d'amour pour ses frères, qui est appelé à les commander. Il sera roi, prêtre, père! il aimera ses enfans, veillera sur sa grande famille, la bénira, en lui préparant de nouveaux succès.

Un tel système est-il fait pour le progrès? Quelle noble et féconde émulation il doit produire! le beau règne que celui du génie! Oui, c'est en vain que l'on déclame contre la capacité, qu'on voudrait, assimiler à la tyrannie; si la faible humanité peut attendre quelque bien de la part de ceux qu'elle se donne pour maîtres; si elle ose compter sur des instans de paix et de bonheur, je le demande, est-ce de celui qui réunit la plus haute sagesse à la plus haute capacité, qui n'est arrivé à la souveraine puissance qu'en en donnant des preuves évidentes, et qui ne peut s'y conserver heureux lui-même qu'en inondant la société de tous les bienfaits qu'elle attend; est-ce de l'homme le plus avancé de tous les hommes de son époque dans la perfection, qu'elle doit recevoir son bien-être, ou de cet homme de hasard, qui, tantôt bon et faible, capable ou bon; tantôt incapable et barbare tout ensemble, est le premier fléau des infortunés sujets qu'il protége?

Enfin, sous une loi toute d'amour, de sympathies, de bonheur, il est clair que ceux qui sont inhabiles à l'œuvre ne seront pas abandonnés, privés de tendres soins : enfans disgrâciés de la même mère, elle veille sur eux comme sur les autres, les prend sous son aîle et les défend contre la douleur. Le vieillard qui a bien rempli sa carrière, en trouve l'extrémité toute semée des fleurs dont il sut couvrir les pas de ceux qui l'ont précédé, et coule le reste de ses jours dans un repos sacré, en recevant les hommages d'une jeunesse active que son bonheur encourage ; et puis il s'éteind paisiblement sur la terre, tandis que pour lui s'ouvrent les portes d'une vie nouvelle au sein de la vie universelle, au sein de Dieu ! et qui n'est plus un dieu de colère, un dieu de vengeance, dont le plaisir est de tourmenter dans l'autre monde, comme on le dit, des êtres qu'il fit faibles, et qu'il avait prévu devoir mériter un jour l'horrible châtiment qu'il leur inflige alors.

La Religion, le Dogme, le Culte.

La religion Saint-Simonienne qui, comme je l'ai fait sentir, n'est plus distincte de la politique et de la morale, mais s'unit et se fond avec elles dans une loi commune de perfectibilité indéfinie et de tendance vers le même but, peut se dire sans présomption la loi définitive, impérissable : car elle veut le bonheur temporel et futur de l'homme ; et comme à l'observation rigoureuse de ses préceptes, est attachée la suprême félicité sur la terre, il est évident qu'elle vivra autant de temps qu'il existera des êtres avides de bonheur, autant que l'humanité. Cette religion seule à su concilier, harmoniser l'intérêt et le devoir au point de ne faire qu'un ; d'ailleurs elle est perfectible comme le sentiment, et non-seulement elle doit suivre la société dans son essor, mais la prendre par la main, la diriger, arriver avant elle au terme des progrès, pour acceuillir, couronner, encourager ses succès et recevoir la bénédiction des joyeux enfans dont elle est l'heureuse compagne dans l'immortalité.

Toute religion s'explique par un dogme (*) : or la religion Saint-Simonienne rejetant les choses impraticables, ridicules, absurdes ou inutiles, dont les autres s'honorent, et n'admettant que ce qui tend au bonheur présent et futur de l'humanité, comme ce dont la saine raison ne saurait se défendre, enseigne que :

Tous les êtres soumis à une même loi de perfectibilité, toujours ayant progressé et devant progresser toujours, sont tous harmoniquement unis au sein de Dieu qui est la vie, la matière, l'intelligence, l'harmonie, l'amour universels, formant un être immense, immuable, infini, unique, qui se manifeste à nous par tout ce que nous touchons, sentons, concevons, aimons, admirons hors de nous et dans nous-mêmes ;

Que la matière étant une partie de Dieu, est incréée et immortelle comme lui ;

Que la vie de l'humanité est liée à celle de la planète qu'elle habite, et que l'objet du travail de l'homme, c'est l'exploitation et l'embellissement du globe terrestre ;

Qu'apprendre à connaître les lois de l'humanité

(*) Le dogme embrasse aussi dans sa sphère toutes les sciences.

et du monde, c'est apprendre à connaître la volonté de Dieu ;

Que la volonté de Dieu est que chacun puisse faire des œuvres, et qu'il soit rétribué suivant ses œuvres ;

Qu'il y a trois sacremens : l'adoption, le mariage et le repos ;

Que nous ne sommes plus sous la loi de crainte, d'humilité, d'attrition, d'abstinence, de macération de la chair, d'abnégation de nous-mêmes, de résignation, de sacrifice, parce que Dieu étant bon, aimant, vivant dans nous et hors de nous, nous veut sages, forts, aimans, personnels et tendant vers la perfection ;

Que nous repoussons l'orgueil, l'avarice, l'impureté, la gourmandise, l'envie, la colère, la paresse, parce que tout cela romp l'harmonie et met un obstacle au proprès ;

Que la vie présente est le passage d'un état inférieur qui était notre vie passée, à un état supérieur qui sera notre vie future. Tous sont appelés, tous sont élus (*) ;

Enfin, elle enseigne que le dogme lui-même est perfectible comme l'intelligence humaine.

Mais si toute religion s'explique par un dogme, elle se pratique par un culte. Le culte Saint-Simo-

---

(*) Si on demandait encore qui est-ce qui a révélé cette existence antérieure, on pourrait répondre : C'est la raison, c'est l'axiome *ex nihilo nihil.*

nien règle tous les actes de la vie individuelle et de la vie sociale. Pour eux, travailler à la culture du globe et à leur amélioration morale, physique, intellectuelle, et à celle de tous les hommes, c'est pratiquer la volonté de Dieu.

Le culte est progressif comme l'activité humaine.

La morale, c'est le travail, et le mariage l'harmonie parfaite de l'intérêt individuel et de l'intérêt social.

Mais si, sous la loi nouvelle, tout concourt avec un accord parfait à diriger l'homme dans cette immense carrière de progrès nobles et utiles que Dieu lui assigne; si le travail est la base de l'association Saint-Simonienne; si le Saint-Simonien, jamais stationnaire, doit toujours s'efforcer de monter plus haut, il ne faut pas croire que, livré sans relâche à des devoirs pénibles, il n'a dans la vie d'autres jouissances que la douce, mais cependant austère satisfaction qu'il éprouve quand sa conscience, contente de lui et de ses œuvres, lui rend le témoignage le plus flatteur. Pour l'être faible qui s'épuise, ce serait encore là la tyrannie la plus dure, le joug le plus insupportable qu'on soit venu lui imposer. Aussi ont-ils encore des jours de repos, des jours de fêtes vraiment sociales, où tous, sans exception, peuvent se livrer au bonheur et prendre la part la plus active aux doux épanchemens d'une joie naïve et pure comme des cœurs dégagés d'une crainte servile? L'inquiétude d'un côté, l'avide intérêt de l'autre ne sont plus là qui tourmentent et qui rongent; la misère oisive, en dépit d'elle et de ses efforts, n'est plus là qui glisse dans presque tous les cœurs un désespoir qui, irrité par l'aspect d'un bonheur auquel il ne peut prétendre, devient aussi cuisant qu'un remords. Comment donc, ô ciel! pourrait boire à la coupe de la félicité ce malheureux que la faim dévore, quand il ose franchir un instant le seuil de sa triste demeure et s'arracher aux douloureuses étreintes de ses déplorables enfans que la nudité retient dans l'ombre! Inquiet et rêveur au milieu du bruit des chars de triomphe et des cris d'allégresse, une idée qui le poursuivait vient de l'atteindre; il étouffe un soupir, puis quittant brusquement le spectacle du bonheur, lent, silencieux et morne, il rejoint déjà le réduit où l'affreuses misère lui tendra les bras au retour.

CHAPITRE III.

Le Sacerdoce (*).

Mes Fils, mes Filles,

Saint-Simon, fondateur méconnu d'une religion nouvelle, a légué à ses disciples, avec sa glorieuse

(*) Ce discours est tiré en entier de l'*Organisateur*, journal de la doctrine Saint-Simonienne.

révélation, les mépris qu'il essuya lui-même; nous n'avons rien refusé de son héritage. Mais si notre foi est trop profonde pour nous laisser accessibles au moindre découragement; en face des répugnances que soulève parmi vous sa parole inattendue, pour être inébranlable notre foi n'est point aveugle; elle avait prévu les obstacles que nous rencontrons; et loin de s'en irriter, dès long-temps elle a prémuni nos cœurs contre l'injustice d'un vain emportement. Tel est l'un des caractères qui distinguent des révélations antérieures la nouvelle révélation. Moïse châtia cruellement les Hébreux de leurs fréquens retours à l'idolâtrie. Jésus lui-même frappa d'anathème Jérusalem rebelle; et les chrétiens, chargés de détruire une loi de guerre et d'esclavage, s'essayèrent à la paix en livrant à la société un véritable combat où ils se présentèrent armés d'une éclatante réprobation et d'effroyables menaces contre des adversaires armés du glaive et des supplices; le glaive et les supplices furent vaincus. Mais Saint-Simon n'a point de malédictions à lancer, par la bouche de ses prêtres, sur la société qui lui résiste encore; le premier il légitima tout le passé, parce que le premier il y sut découvrir la suite non interrompue des progrès de l'humanité. En nous inspirant l'enthousiasme de l'espoir, il nous révèle donc la puissance du regret, il nous fait ainsi comprendre quels liens peuvent encore, quoiqu'affaiblis, retenir l'humanité, lorsque nous l'appelons à un progrès nouveau, et il nous permet d'admirer, dans la résistance qu'elle oppose aux apôtres de l'avenir, un sentiment d'ordre qui la rend involontairement complice du passé, jusqu'au moment où la religion annoncée lui offrira le gage d'une sécurité dont elle a besoin. Ce n'est pas la terre de promission qu'elle dédaigne ; mais elle redoute les horreurs du désert, elle se rattache par ses regrets à la servitude précédente. Je n'hésite donc pas, au nom de Saint-Simon, à vous absoudre de toutes les répugnances que vous témoignez contre nous ; oui, nous glorifions le passé jusque dans les obstacles qu'il nous suscite ; nous sympathisons avec la société, jusque dans la haine et le mépris qu'elle nous porte, parce que nous concevons la légitimité passagère de ces sentimens. Et nous ne disons pas même comme Jésus : *Pardonne-leur, ô mon père, car ils ne savent ce qu'ils font !* — Plus grand que Jésus, Saint-Simon nous découvre, dans cette première incrédulité, une sage réserve qui ne doit céder qu'à la certitude d'une sagesse plus grande encore, et qui, loin d'avoir besoin de la clémence divine, est elle-même un témoignage de cette prévoyance sacrée qui anime l'humanité.

C'est en vain que je pourrais faire ressortir de vos accusations contre nous une contradiction perpétuelle qui ne vous permet de nous accuser qu'en vous accusant les uns les autres. Tour à tour nous sommes à vos yeux des rêveurs vivant dans un chimérique avenir ; des mystiques rétrogradant vers le passé, et exhumant sa dépouille vieillie pour en accabler les générations nouvelles ; des agitateurs dangereux, ardens à tout bouleverser par un libéralisme effréné. Et comment seriez-vous d'accord contre nous, quand vous n'êtes point d'accord entre vous-mêmes ? N'aurais-je donc pas le droit d'attacher à chacun de nos juges une partie de la sentence dictée par tant de motifs opposés ? Enfin me serait-il difficile de signaler, même dans la partie progressive d'entre vous, une véritable abjuration de ses espérances ? Interrogez-vous vous-mêmes : l'avenir vous attire à lui ; le passé vous est odieux ; le présent vous afflige et vous blesse ! Et cependant, lorsque vous entendez une voix s'écrier : *Levez-vous et marchez*, l'avenir vous trouve sans enthousiasme, le passé lui-même semble vous offrir dans ses ruines un abri satisfaisant, et vous vous réconciliez avec le présent dont tant de fois vous aviez déploré les angoisses et les misères. Et vous aussi, sourds à la parole du Dieu de l'avenir, vous retrouvez de l'encens pour les idoles que vous aviez dédaignées ! tant est grande la puissance de ce sentiment d'ordre, qui, malgré l'ardeur avec laquelle vos opinions contraires se poursuivent encore jusque sur le terrain nouveau où nous nous sommes placés, semble frapper d'immobilité la société entière, lorsque soudain des révélateurs inconnus lui signalent un but nouveau. Ah ! loin de moi ces faciles et injustes récriminations ! Ce n'est pas sans combat qu'une société accepte un Dieu nouveau ; il y a pour elle une solennité pleine de terreur dans cette initiation à une vie inconnue qu'elle désire avec ardeur, et refuse avec effroi. Et Jacob, luttant toute une nuit contre un combattant mystérieux, tour à tour vaincu et vainqueur, recevant enfin de son céleste rival le nom d'Israël, qu'il légua au peuple dont ses fils ont été les tiges fécondes, semble l'image de la société, alors que touchant à une ère nouvelle, et prête à former un peuple régénéré, elle prélude par un combat contre Dieu lui-même à l'élection dont un jour elle doit se glorifier.

Cessons donc de nous le dissimuler, la guerre est entre nous. Déjà vous avez commencé contre nous les hostilités par des accusations que votre précipitation a quelquefois transformées en calomnies mensongères comme un cri d'alarme. Pour nous, nous venons de faire l'apologie de ceux qui se nomment nos adversaires ; que ce soit de notre part l'unique signal de la guerre ! Oui, votre tâche est légitime ; c'est à vous à vous défendre de l'Évangile que nous vous annonçons, jusqu'à ce que vous y découvriez des garanties suffisantes d'ordre et de progrès ; la nôtre est de nous dévouer, avec une infatigable ardeur, à vous faire apprécier la religion nouvelle, en vous la montrant tour à tour naissante dans le passé, déjà vivante dans le présent, d'une vie encore informe, développée enfin et toujours croissante dans l'avenir. Ce n'est donc pas une lâche indulgence que je viens lâchement réclamer. Je n'ai, au nom du Dieu que j'enseigne, aucune grâce à demander ou à recevoir; soyez, j'y consens, impitoyables envers nous, tant que vous pourrez l'être sans le devenir envers vous-mêmes. Mais ce n'est pas non plus l'anathème à la bouche que nous entrons en lice; et de quel droit maudirions-nous vos refus dédaigneux, votre obstination, votre colère, lorsque nous n'avons pas encore mérité d'être crus, parce que sans doute, ô mon Dieu, nous n'avons pas encore assez aimé. Et toutefois, nous n'imiterons pas cette résignation chrétienne qui s'humiliait avec un morne courage sous la persécution; toujours debout, toujours prêts à répondre à toutes les agressions, avec cette ardeur pleine de patience que peut seule inspirer un amour profond de l'humanité, nous *oserions même nous plaindre*, si la violence de vos attaques, en gênant la libre propagation de notre foi, nous donnait trop évidemment sur vous l'avantage de la modération. Songez-y bien; si nous pouvions échouer dans cette entreprise que vous taxez de folie, nous tomberions avec honte, accablés de mépris : et vous, si vous êtes vaincus, accueillis par des bras caressans, vous ne trouverez que des cœurs aimans avec lesquels vous vous glorifierez de votre heureuse défaite.

Mais que notre langue, faite du passé, est impuissante pour cet avenir dont nous balbutions encore les premières paroles! Je vous parle de combat, de défaite, de victoire...... Est-ce donc qu'il existe une véritable lutte entre *nous*, les énergiques représentans du progrès, et *vous*, aujourd'hui les interprètes de ce besoin d'ordre qui anime la société? Non, nous concourons tous à sa marche progressive et prudente, tous nous remplissons, selon les vues de la Providence, un rôle nécessaire, légitime, sacré dans ce drame immense du développement de l'humanité; et nous pourrions, nous que Dieu a choisis pour enseigner la loi agrandie d'une charité nouvelle, ne pas sentir même avec amour, qu'à nos efforts s'associent secrètement les efforts en apparence les plus opposés? O quelle est douce, pacifique, et vraiment divine cette religion qui nous apprend à ne rien haïr comme à ne rien redouter, qui nous appelle au progrès sans nous irriter contre les obstacles, qui nous rend invulnérables à toutes les attaques, et enlève à nos cœurs tout fiel, à nos lèvres toute amertume; qui met une couronne sur la tête des martyrs et n'attache point d'opprobre au front des persécuteurs; seule digne enfin d'unir l'humanité entière en une seule famille, où la discorde et la haine seront bannies jusque des souvenirs du passé! car le passé tout entier, maîtres et esclaves, vainqueurs et vaincus, persécuteurs et persécutés, oppresseurs et opprimés, bourreaux et victimes, laissera entrevoir aux yeux dessillés de l'humanité une harmonie, long-temps inaperçue, d'efforts efficacement combinés, pour préparer le règne définitif de la paix et de l'amour!

Ah! c'est vers cet avenir de concorde et de joie que je veux aujourd'hui essayer de diriger vos regards! Moins avancés que nous dans la carrière du progrès, les chrétiens n'avaient pu concevoir la réalisation terrestre de leur société, et c'était dans un ciel imaginaire qu'ils avaient placé toutes leurs espérances. Plus heureux, je puis entreprendre, dès à présent, de vous retracer la société de l'avenir. Mais qu'est-ce que la société sans la hiérarchie? Un corps qui ne se meut que par convulsions, livré à des luttes perpétuelles ou à l'agonie. Où la vie est régulière et le développement continu, là existe une hiérarchie puissante. Dérouler devant vous le tableau de l'association Saint-Simonienne, c'est donc mettre sous vos yeux le spectacle de notre hiérarchie sacerdotale, se mêlant à tous ses mouvemens pour les exciter et les coordonner. Mais quoiqu'à vos yeux le prêtre Saint-Simonien doive déjà différer des prêtres qui l'ont précédé, par un caractère nouveau comme celui de la religion dont il est ministre, tel est aujourd'hui l'odieux attaché à ce nom, que je veux d'abord, en représentant sous leurs véritables traits les prêtres du passé, vous apprendre déjà, par ce qu'ils ont été, ce que nous devons ne pas être; je veux enfin, en les figurant successivement comme les types les plus élevés des progrès antérieurs de l'humanité, vous montrer que votre haine, condamnation rigoureuse, quoique légitime, d'un passé qui fut utile, mais ne recommencera point, ne saurait désormais s'attacher aux fonctions sacerdotales, sans être une méprise et un anachronisme. Que leurs images, offertes à vos yeux, soient donc le prologue de l'avenir !

Mes Pères,

Vous qui les premiers avez osé vous charger de ce titre de prêtres si long-temps flétri, mais réservé à une éclatante réhabilitation, gloire à vous ! vous avez commencé l'ère d'une nouvelle société, d'une nouvelle autorité, d'un nouveau pontificat ! Oui, c'est à vous que se rattache légitimement toute la hiérarchie de l'avenir, comme vous-mêmes vous vous rattachez légitimement à Saint-Simon ; et Saint-Simon, révélateur de la destinée de l'humanité entière, apparaissant au milieu d'une société livrée à l'anarchie et à l'aveuglement, personnification vivante d'un progrès et d'un ordre nouveaux, associant en lui toutes les souverainetés, pontife, roi, et peuple à la fois, fut à lui seul une hiérarchie, une société, un monde! Émanée de lui, l'autorité a dignement passé sur votre front! Sa religion, dont vous avez agrandi l'héritage, est votre titre sacré; et qui donc oserait aujourd'hui vous contester la légitimité de votre pouvoir? Tous les systèmes divers qui ont aspiré à une autorité directrice sur la société fatiguée de sa désolante indépendance, soumis à l'épreuve du tabernacle, comme des branches coupées de la veille, se sont desséchés et ont été condamnés pour leur stérilité; tandis que, semblable à la verge d'Aaron, le rameau divin que vous avait transmis Saint-Simon, a poussé des feuilles, des fleurs et des fruits! A vous donc la gloire du nouveau pontificat, puisque, seuls entre tous les hommes de nos jours, vous avez su donner un signe d'espérance et d'amour, et rallier une famille soumise et dévouée autour de ce rameau fécond, qui, planté par vos mains, et s'affermissant malgré la tempête, un jour couvrira de son vaste ombrage le globe entier! Pontifes suprêmes de la société nouvelle, que les témoignages d'amour et de reconnaissance de vos enfans que ma voix se plaît à faire éclater autour de vous, attestent aux yeux de tous la douceur de l'autorité et de l'obéissance nouvelle, et plus vivement encore que mes paroles, en vous séparant des prêtres du passé, dont je vais invoquer les images, vous rapprochent du prêtre et de l'avenir qui déjà vit en vous !

Oui, mes fils, mes filles, n'insultez pas à notre Dieu, en cherchant dans vos *souvenirs* haineux le pontife de sa loi. Vous savez quel est le Dieu que nous adorons : voyez quels sont les prêtres du passé.

D'abord nous apparaît dans un lointain reculé le prêtre égyptien ; il domine toute la société, regarde les rois comme ses ministres, et discipline le peuple à la faveur d'un système de castes fondé par la force, perpétué par l'ignorance. Retiré dans la solitude du sanctuaire, défendu dans sa retraite inaccessible, par le mystère d'une langue qui voile d'autres mystères, il poursuit en silence l'élaboration des idées religieuses, morales, politiques, mais dédaigne d'initier à ses découvertes le vulgaire qu'il tient enchaîné à ses pieds, et qu'il opprime du moins du privilége de la science. Membre d'un vrai patriciat, il est entretenu dans la paix de ses loisirs studieux par les immenses travaux du profane, et l'idolâtrie grossière qui seconde le développement de cette activité matérielle, en maintenant le système rigide des castes, hâte chez cette théocratie hautaine les progrès de l'activité spirituelle de toute l'immobilité des classes inférieures ! Un jour, un jour viendra où cette science, cachée dans un sanctuaire impénétrable comme la source du Nil, fera pardonner sa longue avarice par de salutaires débordemens ; mais enfin, possesseur jaloux d'une doctrine épurée, assis aur la masse ignorante et asservie, semblable à ces statues dont la moitié inférieure, bloc informe, est l'immobile piédestal de la partie supérieure, noble, développée et vivante : tel est le prêtre égyptien ; trois mille ans nous séparent de lui.

Irez-vous donc, lorsque nous annonçons un Dieu qui unit par l'amour l'intelligence à la force, et qui commande l'amélioration morale, intellectuelle et physique de la classe la plus nombreuse et la plus pauvre, irez-vous donc confronter, avec ce prêtre antique, l'interprète de sa loi progressive ?

Maintenant voici le prêtre hébreux : ce n'est plus le possesseur privilégié d'une doctrine secrète ; sur son sein éclate en traits brillans la loi révélée par Moïse. Mais pontife d'un Dieu dont la croyance ne peut se conserver que par une implacable jalousie, il a conquis par le glaive dont il s'arma contre les tributs infidèles, le droit d'un sacerdoce héréditaire ; et, d'abord dépositaire à la fois de l'autorité religieuse et politique, il assure le triomphe de sa loi plus humaine par l'extermination des idolâtres, dont l'arche terrasse les divinités. Jehovah semble-t-il abdiquer son pouvoir ; sous les traits de Samuel, il jette avec dédain la couronne au front du premier roi, et dans ce long interrègne de Dieu, rempli de tant de monarques, il ressaisit quelquefois l'autorité souveraine, mais abandonne aux prophètes le sacerdoce de l'avenir, jusqu'au moment où Dieu lui-même paraissant se manifester de nouveau, mais avec plus de douceur, sous les traits de son fils, condamne à la fois la loi vieillie et son ministre rigoureux.

Est-ce donc sous les traits de ce prêtre que vous chercherez le prêtre nouveau, lorsque le Dieu révélé par Saint-Simon ne fait pas élection d'un seul peuple, mais appelle toutes les nations au bienfait d'une communion universelle, et n'est plus le Dieu jaloux, le Dieu terrible, le Dieu des armées ?

Arrêterez-vous vos regards sur le prêtre païen? ceint de la bandelette sacrée, et portant sur son front le casque ou la couronne, il prie et agit, délibère et offre des sacrifices, prédit et combat, habite tour à tour, sans crainte de se profaner, la cité, le temple et le camp. Admis aux mystères sacrés comme membre d'un patriciat militaire, il ne permet aux plébéiens de communiquer avec les dieux que par sa médiation; et il foule aux pieds, sans remords, les esclaves déshérités de leur religion, vil troupeau qui a des maîtres et n'a point de divinités. Ministre d'une loi de sang, il n'a point pour compagne une prêtresse. Le sacerdoce, incomplet encore, existe alors séparément, soit dans l'homme, soit dans la femme; et le front de la pythie et de la sibylle est attristé d'une couronne stérile, qui lui est chère, parce qu'elle est le gage de sa liberté; et toutefois ce prêtre initiant, le glaive à la main, les peuples ennemis à une même domination, étend le cercle de l'association pacifique.

Ah! sans doute, vous ne nous confondez point, nous qui substituons, au nom de notre Dieu, au règne de la force, le règne du travail et de la paix, avec ce prêtre guerrier et ceux qui le précédèrent? Tous, quel que fût le degré de pureté de leur doctrine, ont porté le joug de la matière sanglante et souillée! tous ont été déjà condamnés par le prêtre chrétien!

Le voici! apôtre de paix et de charité, il se sépare de la société, encore militaire, afin de la vaincre; il prodigue sa science indistinctement à tous les hommes, et il ne doit pas aux priviléges de la naissance le rang qu'il occupe lui-même. Ce n'est point en touchant la terre, c'est en la repoussant avec dédain, c'est en accablant la matière d'anathèmes, qu'il puise une force toujours nouvelle. Isolé du reste des hommes, n'ayant de famille que la sainte milice dont il est membre; de patrie que le ciel; ne condamnant plus la femme à la servitude, mais au silence et à l'obscurité, comme si sa voix et sa beauté étaient profanes; supérieur à l'humanité par les victoires qu'il est obligé de remporter sur les plus douces affections; enveloppé de sa robe noire, qui fait encore ressortir, sous un front pâle, la mystique ardeur de ses yeux morts aux joies du monde, il semble avoir pris possession d'une vie nouvelle, et prétend régner sur la société du même droit, dit-il, que l'âme commande au corps; mais cette société encore grossière, il ne peut la dompter sans une discipline violente, dont il ne maintient la brutale austérité qu'en s'armant de la foudre céleste; et c'est par l'excommunication qu'il fortifie l'empire de sa loi de charité. Il ne verse plus sur les autels le sang des victimes; mais il réclame, en offrande à son Dieu jaloux d'expiations, les larmes, les cendres, le cilice, le sacrifice de tous les penchans; et dans un plaisir innocent, il voit encore un vol fait à la pénitence. Aussi porte-t-il dans sa joie même quelque chose de triste et de contraint; à travers ses hymnes d'allégresse, il laisse s'exhaler encore une vague mélancolie, au sein d'un temple où le jour ne pénètre qu'en se dépouillant de l'éclat de ses rayons, et il annonce au loin ses solennités de fêtes par de monotones accens, interprètes communs de la joie et de la douleur. Et lorsque, pour prix d'une longue vie d'épreuves, il promet un séjour de béatitude éternelle, il le montre suspendu sur les bords d'un abîme effroyable, où les pleurs et les grincemens de dents des réprouvés attestent l'implacable vengeance de la Divinité. Ministre d'un Dieu d'amour, il menace sans cesse; d'un Dieu de paix, il lutte toujours contre la société; d'un Dieu d'humilité, il courbe jusqu'à ses sandales la couronne des rois; d'un Dieu de sincérité, il poursuit par des voies tortueuses une domination que lui dispute César; d'un Dieu dont le royaume n'est pas de ce monbe, il règne sur ce monde, afin de le rendre digne de l'autre; enfin, condamné à une perpétuelle contradiction pour accomplir la loi salutaire d'une religion nécessairement incomplète, il éprouve souvent en lui-même de terribles combats entre ce Dieu dont il est l'interprète et Satan qu'il lui est plus facile de réprouver que de vaincre. Gloire cependant au prêtre chrétien, qui, semblable lui-même à la colonne de lumière et de ténèbres, conduisit l'humanité, qu'il avait affranchie, jusqu'aux limites de la terre de promission, et confondit, par son ombre funeste, les persécutions d'un passé opresseur et guerrier?

Eh bien! nous accuserez-vous de vouloir recommencer les prêtres chrétiens, nous qui substituons à l'adoration du Dieu pur esprit qu'ils croyaient, l'adoration de l'univers aimant, intelligent et fort!

Non; tous les prêtres du passé sont à jamais tombés avec les autels qu'ils avaient encencés! L'histoire ne nous offre jusqu'à ce jour qu'une longue suite de combats; l'industrie ne s'est développée qu'à la condition d'être esclave; la science qu'à la condition d'être oppressive; l'amour lui-même, sous le christianisme, ne put triompher de la force guerrière que par une lutte acharnée; partout l'essor des facultés de l'homme fut rétréci par la nécessité d'un antagonisme constant; et l'humanité, se développant tour à tour par l'union et par la désunion de la religion et de la politique, porte écrit sur son front, *guerre*! Arrière donc les combats, la lutte, l'antagonisme, et avec eux tous les prêtres du passé, qui tous sont empreints de ce signe fatal! Gardons-nous cependant de les maudire! c'est par la guerre même qu'ils ont contribué aux progrès de la société! Mais si aujourd'hui l'humanité, avide de destinées plus belles, aspire au développement libre et plein de ses facultés, ce ne sera point un des prêtres du passé, morts, morts et réduits en poussière, mais un prêtre nouveau, vivant, radieux de foi, d'espérance et d'amour, qui la guidera au sein de cette ère inconnue, pleine de gloire et de liberté!

Ouvre-toi, cité nouvelle, plus sainte, plus grande, plus heureuse que Memphis, Rome et Jérusalem;

ouvre ton enceinte, où règne le Dieu qui se révèle à notre corps par son corps, à notre intelligence par son intelligence, à notre amour par son amour!

L'aurore a blanchi le faîte de tes monumens; déjà je vois s'avancer deux longues processions, les uns les mains enveloppées de leurs manteaux et le front calme et méditatif; les autres, l'œil étincelant d'ardeur, et le bras impatient d'agir : au milieu de leurs rangs flottent des bannières que le sang n'a point rougies; des armes meurtrières ne chargent point leurs bras; car ils aspirent à des conquêtes qui ne doivent pas coûter de pleurs à l'humanité; ils marchent séparément au son de la musique; mais déjà se mariant aux accords de leurs instrumens, une constante harmonie les appelle au sein du temple, qui, debout entre l'atelier scientifique et l'atelier industriel, les domine de son front colossal, et les enveloppe de ses ailes immenses et fécondes.

Ils entrent.

« Soyez bénis, savans; industriels, soyez bénis, dit le prêtre! voici un jour nouveau qui doit étendre vos progrès. Mais notre Dieu n'est pas un Dieu solitaire; il ne vous accorde des progrès toujours nouveaux qu'au prix d'un amour toujours croissant : Aimez-vous donc les uns les autres! Savans, c'est l'industrie qui popularise vos découvertes; c'est elle qui à votre gloire, en échange de vos richesses scientifiques, ajoute ses magnifiques largesses; c'est elle enfin, qui en vous demandant sans relâche de nouvelles armes et de nouveaux secours, vous pousse sans cesse à reculer les limites de la science. Industriels, c'est la science qui vous apprend à féconder le sillon que vous tracez, qui rend plus sûres les mers orageuses semées d'écueils, qui dirige vos pas dans les routes ténébreuses que vous vous êtes tracées au sein de la terre; c'est elle qui, conquérant pour vous dans l'air, l'eau, le feu, d'utiles auxiliaires, chaque jour devient pour vous plus avare de vos sueurs et plus prodigue de trésors! associez donc vos heureux efforts, afin que Dieu, mieux aimé, mieux connu, mieux pratiqué, se réjouisse lui-même dans l'humanité fidèle à l'accomplissement de sa loi! »

Il dit, et unit dans ses mains la main du chef des savans et celle du chef des industriels, symbole touchant de l'union de la science et de l'industrie. La journée est bénie et les travaux commencent. Le pontife pèse dans ses balances les destinées de la science et de l'industrie, la part qu'elles doivent obtenir dans les richesses de l'État, et il les dote incessamment de leurs mutuels progrès.

Initié par la sublime prévoyance du pontife aux besoins de l'industrie, le chef de la science signale aux savans chargés de la *perfectionner* les problèmes qui laissent encore en suspens de nouveaux progrès pour l'humanité ; leurs efforts ont-ils répondu à son attente, il veille à ce que la vérité à peine éclose, grâce à la fidèle rapidité des savans qui la *propagent*, porte soudain ses fruits ! C'est ainsi qu'attentif au perfectionnement de la *théorie* et de l'*enseignement*, toujours occupé de leur correspondance salutaire, appréciant les efforts des deux classes de savans dont il stimule et unit l'ardeur, classant chacun selon sa capacité et rétribuant chacun selon ses œuvres, il poursuit avec amour les progrès de la science dont il est le prêtre.

Initié par le pontife aux découvertes de la science, le chef de l'industrie en enrichit l'atelier qu'il préside. Par lui se *combinent* les efforts des industriels qui *transforment* la matière et de ceux qui la font *circuler*. A sa voix puissante, les armes pacifiques de la production, les instrumens qui la multiplient, les machines d'où elle s'échappe sous mille formes diverses, et les flottes, déjà prêtres à livrer leurs ailes au souffle des vents, et les fleuves, les canaux, ces chemins qui marchent, et ces routes innombrables dont le sol est sillonné, semblent se concerter et régler l'un sur l'autre leur infatigable activité. C'est encore lui dont la voix paternelle assigne les rangs, proportionne la rétribution aux œuvres, confère le travail et le repos ; et chargé de la destinée de l'industrie dont son amour embrasse le progrès constant, il en est le prêtre.

Mais voici un jour de fète où la cité se réfléchit dans la splendeur du temple. Le prêtre de la science et le prêtre de l'industrie, chacun le front ceint d'une couronne d'or, s'asseoient sur des siéges égaux, à côté et au-dessous du trône pontifical. Le pontife suprême, la tête ornée d'une triple couronne, paraît; il proclame à l'humanité un nouveau progrès à remplir.

Accourez alors, pacifiques satellites d'un chef pacifique, vous tous qui par le prestige de la parole, du chant, du rhythme, de la couleur, du mouvement, traduisez avec amour sa parole aimante! Ils s'avancent en deux chœurs; l'un est formé de tous ceux qui par leurs récits et leurs poèmes ne se lassent jamais de célébrer Dieu et l'humanité, mais dont le génie, pour éclater dans toute sa force, a besoin d'interprètes qui s'associent à son inspiration; l'autre de tous ceux dont la poésie active met en lumières, sous les voûtes du temple, les trésors de la poésie féconde, mais immobile et silencieuse. Ces poètes, ces artistes, pompe animée, fêtes vivantes du temple, relèvent du pontife qui unit leurs *deux* chœurs, comme les *deux* classes de savans relèvent du prêtre de la science qui les unit, et les *deux* classes d'industriels du prêtre de l'industrie qui les unit encore. Partout le prêtre *associe.*

Mais à chaque degré de cette triple hiérarchie, la

femme prend place à côté de l'homme, dont elle complète l'existence religieuse et sociale. Assise auprès du pontife, la couronne stérile des Sibylles s'est changée, sur sa tête, en couronne nuptiale : elle tempère le calme majestueux du visage de son époux par la grâce ineffable de son sourire, et la mâle gravité des accens du prêtre par les enchantemens de sa voix douce et puissante. Tandis que son époux soutient la crosse pacifique, le globe, cet emblème menteur de l'ambition des Césars, qui, jusqu'à présent, a reposé dans leurs terribles mains, comme une proie tremblante entre les serres de l'aigle ; désormais, emblème véritable d'une puissance que l'amour a portée bien au-delà des limites de la guerre, repose paisible dans la main d'une femme ! Oui, voilà le prêtre nouveau, homme et femme à la fois, qui gouverne la société ; qui a pour elle le cœur d'un père et les entrailles d'une mère, et qui la pousse incessamment à des progrès toujours croissans. Chaque page qu'il ajoute aux fastes de l'humanité est empreinte de caractères nouveaux, où le passé et l'avenir semblent avoir contracté une mystérieuse alliance par l'hymen du prêtre qui sait le passé, et de la prêtresse qui devine l'avenir. L'anneau qu'il ajoute à la chaîne des temps appartient par moitié au passé, par moitié à l'avenir, et l'hymen du prêtre et de la prêtresse est le symbole du présent. Enfin, quel que soit le rang occupé dans chaque hiérarchie par la femme, partout elle s'associe aux travaux de son époux, surtout par ses inspirations dirigées vers le progrès, et reculant toujours par l'ardeur de ses vœux l'horizon de la sphère où elle est placée, partout elle est l'image vivante de l'espérance; mais, nouvelle Pandore, elle ne la retient pas captive comme un bien qui doive lui échapper; elle lui donne un essor toujours plus libre devant lequel tous les maux s'évanouissent par degrés.

Et alors quelle solennité que le mariage! Ce n'est plus une union déterminée par de froides convenances, les calculs de l'avarice ou le caprice d'une inclination éphémère; commandée par l'autorité despotique des parens, ou disputée à leur prudence par la passion aveugle des époux. Conformité de penchans, d'études, de travaux, telle est la loi invariable du mariage; et quelle fête touchante que celle où, s'initiant à la fois à l'hymen et à une fonction sociale, ils chérissent l'un dans l'autre un époux, un associé, un prix de leurs progrès, une dot noblement gagnée! et cependant ce jour de fête n'est lui-même que le présage des jours plus rians qu'ils se créent ensemble! Après s'être choisis sous les yeux de leurs parens, une fois unis par la main du prêtre, pendant la durée de leur hymen, ils se choisissent tous les jours. Quelles délices ineffables que celles de leur mutuel amour s'accroissant de la vivacité de leur sympathie religieuse, qu'à son tour ils ne cessent de fortifier ; mobile puissant de progrès toujours nouveaux, et enrichi lui-même de tous les progrès qu'ils font dans la même carrière ! Heureux époux ! votre bouquet nuptial ne se flétrit point sous des larmes amères ou dans les transports insensés d'un délire passager ; il s'embellit d'un éclat toujours plus pur ; pour vous, le flambeau de l'hymen brille d'une flamme toujours plus ardente. Et lorsque, vivant d'une vie commune, éprouvant les ravissemens d'une inspiration partagée, vous associez vos efforts, et brûlez de rester, en grandissant, toujours dignes l'un de l'autre, n'est-ce pas un nouvel hymen, signe d'un nouveau grade conquis dans la hiérarchie sociale, que vous espérez ensemble, hymen plus doux encore que le premier, consécration touchante qui n'est point réservée au stérile honneur de la décrépitude, mais à la gloire d'un progrès accompli ! Heureux époux, la vierge pudique, témoin des joies délicieuses de votre hymen, envie sans rougir le bonheur que vous goûtez.

Mais le prêtre, dont la main a confirmé par sa bénédiction le choix des époux, est appelé à bénir leur enfant nouveau-né !

Il ne le reçoit pas comme un coupable qui doive, à son entrée dans la vie, subir l'expiation d'une faute héréditaire : il l'accueille d'un sourire caressant comme un initié revêtu d'une robe plus pure, déjà affranchi, par sa naissance même, du passé, seule tache dont l'homme ait toujours à se racheter ! Comme le sein du prêtre se gonfle d'un secret espoir sur ce berceau mystérieux, et que dans son ardente ambition pour le développement de la société, il dépasse souvent de bien loin les rêves de l'orgueil maternel ! Avec quelle sollicitude il confie à ses parens, comme un dépôt précieux, cet enfant qui, par eux, appartient à Dieu et à l'humanité. Jeune enfant ! souris à ta mère, heureuse de ta reconnaissance ; mais souris encore à ce prêtre, qui salue avec un égal amour tous les nouveaux-nés, qui ne mesure pas ses promesses au rang de ceux qui t'ont engendré, mais te promettant la part de joie et de bonheur due à tes mérites, te berce d'un oracle qu'il saura réaliser, et déjà prêt à te prendre par la main, te conduise, non plus par une route hérissée d'obstacles, mais par un chemin doux et facile, à la vue de tes parens, de progrès en progrès, jusqu'au grade dont tu seras digne, te donnera une famille que tu aimeras et dont tu seras aimé, mettra à tes côtés l'épouse de ton choix, et après avoir embelli ta vie, ne t'abandonnera pas aux portes du tombeau !

« Et pourquoi ces sombres couleurs, ces habits de deuil, ces lugubres emblèmes? Mettez, mettez sur le front du mourant une couronne de fleurs, symbole d'espérance. Il ne *meurt pas*, il s'enfante lui-même avec effort à une vie nouvelle ; et voyez, malgré ses douleurs, briller sur ses lèvres pâles un doux sourire, présage d'une meilleure destinée! Ah! n'arrosez pas de larmes intarrissables cette dépouille glacée qu'il abandonne! Plus belle et plus brillante sera la forme sous laquelle il reparaîtra au milieu de vous : la mort est à la fois un but et un lieu de départ; elle est la fin d'une carrière et le commencement d'une carrière plus heureuse; elle est l'anneau mystérieux qui rattache un progrès à un progrès nouveau. La vie est-elle donc si amère pour que vous pleuriez la mort, commencement d'une autre vie! » Ainsi parle le prêtre : debout auprès du mourant, il le fortifie de ses paroles, l'encourage de ses promesses, comme une mère pleine de tendresse aide de sa présence le premier enfantement de sa fille chérie; après la mort, il entonne, en habits de fête, le cantique sublime de la résurrection!

Et c'est ainsi que, près de l'hôtel nuptial, à côté du berceau ou sur les bords de la tombe, le prêtre va partout donnant des paroles d'amour, de joie et d'espérance : il parle à tous un langage commun, à chacun la langue de chacun. Il ne s'affranchit point des liens de l'humanité; mais il est lui-même le lien vivant de la grande famille humaine; il ne craint pas de se profaner en se mêlant à tous les mouvemens de la société; il ne peut se sanctifier qu'en s'associant à tous ses efforts pour les exciter et les diriger vers un but commun. S'il est supérieur aux autres hommes, ce n'est pas qu'il abjure les affections naturelles à leurs cœurs, c'est que, mieux qu'eux tous, il devine, il pressent, il conçoit tous leurs besoins et peut les satisfaire. Aussi ne parle-t-il pas au nom d'un Dieu de vengeance; mais l'amour qu'il inspire est pur de crainte et de terreur. Ce n'est pas l'expiation qu'il demande, mais le progrès! Délivré de toute lutte contre Satan et contre César, il exerce sans trouble, sans partage, sans colère, une autorité légitime et toujours pacifique. Il l'exerce au nom de Dieu et de l'humanité, et le règne de Dieu arrive sur la terre.

Pâlisse donc devant la gloire du nouveau pontife, la gloire des pontifes anciens! Comme le Dieu qu'il adore, plus grand que les dieux antérieurs, est l'héritier de leurs attributs divers, réconciliés, et l'un par l'autre complétés; de même il résume, agrandit et complète tous les prêtres qui l'ont précédé. De la main du prêtre de l'antiquité, il prend le sceptre qui dirigeait les peuples vers le but social; de la main du prêtre chrétien, la crosse pacifique qui conduit les peuples dans la voie de Dieu. Pontife-roi, il préside, par son amour, au développement de l'intelligence et de la force, désormais unies, qui se rattachent à lui par le prêtre de la science et par le prêtre de l'industrie.

Ainsi se réfléchit dans la société l'harmonie sublime de l'univers! et comme l'amour infini est la vie du monde, l'amour du pontife-roi est la vie de l'humanité : la pensée du progrès, émanant sans cesse de sa tête majestueuse et féconde, se propage par le prêtre de la science et par le prêtre de l'industrie au sein des ateliers qu'ils dirigent, imprime à tous les travailleurs une nouvelle impulsion, inspire les poètes et les artistes, circule avec rapidité dans tous les rangs, se ramifie jusqu'aux derniers degrés de la hiérarchie, et communique au corps social tout entier un inaltérable accroissement de vie, de gloire et de bonheur!

Mes fils, mes filles, saluez donc, dans le pontife nouveau, la société de l'avenir!

Et maintenant que mes paroles vous ont laissé entrevoir, à travers leurs ombres infidèles, cette éclatante lumière de l'avenir, mes fils, mes filles, reportez vos regards sur le présent. Qu'ai-je besoin de vous retracer l'anarchie qui vous isole les uns des autres, vous laisse en proie aux plus cruelles divergences, et se réfléchit avec ses couleurs opposées jusque dans le pouvoir, qui, à son tour, la reflète sur la société? Quelle union entre l'artiste, le savant et l'industriel! Le poète dédaigne le savant, le savant le poète; et tous deux s'accordent dans leur mépris pour l'industriel, qui lui-même, contre chacun d'eux, est d'accord avec l'autre! Sous l'influence de pareils sentimens, voyez comme la science et l'industrie, au lieu de se pénétrer mutuellement, semble deux oasis, qui ne communiquent à travers les sables que par de faibles ruisseaux, tandis qu'un fleuve devrait, entre elles, couler à pleins bords et les féconder incessamment.

Mais où la guerre règne-t-elle encore avec le plus d'acharnement, si ce n'est dans les rangs mêmes, soit des savans, soit des industriels? Les savans, que le spectacle de l'univers vivant, dont toutes les parties sont harmonieusement liées, devrait inviter à une laborieuse concorde, ne voyant en lui qu'un cadavre glacé, ressemblent à des héritiers qui se querellent, sans respect pour le mort, sur la valeur de l'inventaire, et s'arrachent ses dépouilles par lambeaux! Les industriels? Ah! n'entendez-vous pas chaque jour le cri de détresse qu'ils poussent au milieu de vous, s'accusant d'aveuglement dans l'excessive abondance de la production ou dans la témérité de la spéculation, et payant à l'anarchie qui les dévore le déplorable tribut de la *banqueroute*, dont le hasard fatal menace aujourd'hui tant de têtes, et s'est déjà fait une si large part!

Et que font cependant les poètes que Dieu a appelés à la gloire d'unir les hommes entre eux? Divisés eux-mêmes, ils ne vous plaisent qu'à la condition d'exprimer avec énergie les plaisirs amers d'une indépendance anarchique, les douleurs de l'isolement, les joies de la ruine; des cris de guerre, des accens blasphémateurs, des chants de désespoir, voilà ce qui vous fait tressaillir, vous arrache des larmes cruelles dont vous vous enivrez avec une sorte de frénésie, et c'est à son langage de plainte et de désolation que vous reconnaissez aujourd'hui le légitime interprète de votre société.

Oui, partout la discorde, la souffrance, jusqu'au sein du foyer domestique, où l'amour le plus ardent n'est souvent qu'une fièvre passagère, le mariage un jour de fête suivi de longs jours d'indifférence ou de deuil; l'hymen la consécration solennelle d'un divorce flagrant, où enfin la tendresse des époux rencontre dans l'absence d'occupations communes des limites qu'elle ne saurait franchir! Ah! ne vous réjouissez pas de la naissance de vos fils! La société, comme une marâtre impitoyable, leur réserve les maux que vous souffrez vous-mêmes; elle sèmera sur leur route des obstacles multipliés, et si elle vend à quelques-uns les jouissances de la fortune au prix d'une dégradante oisiveté, elle vend au plus grand nombre les douleurs de l'indigence au prix du plus rude travail! Ne vous réjouissez pas! Cette société saura encore, même dès la plus tendre enfance, briser souvent, entre vous et vos fils, tous les liens d'affections et d'opinions communes, réduire ce nœud qui vous unit à un isolement qui le rend bien précaire, et en vous condamnant au milieu d'eux à une douloureuse solitude, rendre auprès de vous vos fils orphelins. O que la vie est aujourd'hui amère! Jamais plus de malheureux ne l'ont volontairement quittée ; et cependant, que la mort vous apparaît hideuse ! Nul espoir ne fait briller à vos yeux sur la tombe une lumière consolante et tutélaire ; la vie est pour vous la planche du naufragé, à laquelle vous vous rattachez, au milieu des ténèbres, avec une secrète terreur ; et lorsque la mort vous ravit ce qui vous fut cher, quelle profonde amertume dans ces regrets, qui n'ont plus à se prendre qu'à un cadavre, qu'à une poussière sans nom, qu'au néant ! Votre inconsolable affliction vous rend alors la foi du blasphème ; et c'est ainsi que, privés dans tout le cours de votre existence de l'appui et du charme de l'amour, vous ne savez ni *vivre* ni *mourir !*

La voilà donc cette société en faveur de laquelle vous vous armez contre nous de mépris et de colère ! Ah ! lorsqu'un présent si déplorable vous accable, devez-vous donc vous obstiner toujours à condamner la société nouvelle qui peut vous en délivrer ? Vous nous accusiez de mysticisme ? N'avez-vous donc pas vu que la matière, réhabilitée dans ses travaux, ses plaisirs et ses pacifiques trophées, régie par un prêtre qui préside à son développement, rentre au sein du temple comme au sein de Dieu lui-même ? Vous nous accusiez d'oppression ? N'avez-vous pas compris que tous les priviléges de la force sont abolis par le pontife nouveau ? De despotisme ? Quoi donc ! la femme que vous-même poursuivez encore de vos injurieux dédains inspirés par les souvenirs du passé, est appelée dans tous les degrés de la hiérarchie à partager le rang de l'homme, et vous trembleriez encore ? Que venez-vous nous parler toujours des prêtres égyptiens et des prêtres chrétiens? Non, vous ne pouvez plus nous confondre avec eux, et si vous voulez nous accuser, appelez-nous de notre nom que nous n'avons pris à personne; défiez-vous plutôt, j'y consens, de l'avenir que nous vous annonçons! mais n'allez point nous imputer l'odieux du passé.

Et cependant, pour être dépouillés de tous les enchantemens, faut-il affecter de ne voir dans la perspective d'un destin meilleur qu'une décevante illusion? Êtes-vous donc réduits à ce point de misère, que vous vous défendiez de l'espérance comme d'un piége, et du progrès comme d'une utopie? Telle est cependant la vérité! Oui, si la nouveauté de nos sentimens et de nos opinions a soulevé *légitimement*, je vous le répète, vos répugnances et vos préventions, oh! que cependant vous vous défieriez moins de nous, si vous pouviez vous défier un peu moins les uns des autres, et croire encore à la puissance de votre mutuelle sympathie! Mais vous savez trop bien que l'*égoïsme* vous isole et vous dévore; vous êtes les premiers à vous en accuser vous-mêmes, et chaque fois que je l'ai signalé, du haut de cette chaire, comme la plaie de la société présente, n'ai-je donc pas senti à l'instant même, de toutes les parties de cette enceinte, affluer rapidement vers moi les témoignages de la vérité de mes paroles? Et cependant même alors vous vous calomniiez! Non; ce n'est pas quand le canon de juillet gronde encore à nos oreilles, ce n'est pas quand la France, fière de la liberté qu'elle a conquise, est prête à accepter le défi de l'Europe rétrograde et, noble champion de l'avenir, à terrasser le passé dans les vieilles dynasties, qui semblent lui amener leurs populations asservies, afin que de son glaive elle achève de briser leurs fers ; ce n'est pas quand elle prend en main la cause des peuples, et n'exerce sur eux une glorieuse souveraineté que pour leur faire goûter les joies de l'affranchissement, que vous pouvez vous taxer d'égoïsme ! Non, vous connaisez encore le dévouement, mais à la destruction du passé ; l'enthousiasme, mais celui de la ruine ; une religion, mais celle de la guerre ; hors du champ de bataille, ce qui vous manque, et vous le sentez, c'est la religion de la paix, du travail de l'ordre, du progrès ; et c'est alors qu'en vous taxant d'égoïsme vous vous rendez justice. Mais vos cœurs cent fois vous l'ont dit ; l'égoïsme est toujours le pis-aller de l'homme ! Osez donc, mes fils, mes filles, osez donc espérer un *nouvel* amour ! car, je vous le dis, prétendre éterniser votre présent avec son anarchie, son isolement et ses amères douleurs, c'est faire une *utopie*, celle du désespoir ! et voilà le rêve que jamais vous ne pourrez réaliser, voilà la chimère que je vous défie d'atteindre ! Dieu d'amour, Dieu d'espoir, Dieu du progrès, j'en jure ton saint nom ! et vous-mêmes, malgré vous, à chaque instant, vous secouez ce présent qui vous accable, vous le désertez sans retour ; et où donc allez-vous ? vous ne savez ; marchant au hasard, vous heurtant les uns les autres, inquiets, méfians, oui vous avez besoin qu'un but nouveau, capable de vous rallier, vous soit enfin révélé !

Il est si doux de rencontrer des cœurs, des voix, des mains, qui répondent aux nôtres, et de se sentir vivre d'une vie commune au sein d'une association où tous sont aimés de chacun, où chacun est aimé de tous! Il est si digne de peindre à tous cet avenir où les hommes, unis dans une seule famille, poursuivent, grâce à leurs efforts associés, le progrès de l'humanité entière par l'amélioration morale, intellectuelle et physique de la classe la plus nombreuse et la plus pauvre! et quelle autorité pourrait vous paraître plus conforme aux progrès accomplis et espérés par la société que cette autorité nouvelle, *théocratique*, parce qu'elle n'est plus fondée sur la force, mais sur l'amour; *monarchique*, parce qu'elle est exercée par la capacité souveraine; *aristocratique*, parce qu'elle se délègue à toutes les supériorités réelles, sans égard aux priviléges de la naissance; *démocratique*, parce qu'elle est exercée dans l'intérêt du plus grand nombre? Ah! cessez enfin de lutter contre vous-mêmes en luttant contre nous; marchons ensemble, unis dans un même amour et dans un même langage, vers cette société si douce de l'avenir! qu'est-il d'impossible à la concorde? Dieu, selon ses antiques traditions, n'avait-il pas prévu que les fils de Noé élèveraient jusqu'aux cieux le monument de leur orgueil s'ils parlaient une même langue? Mais aujourd'hui Dieu lui-même, par la voix du pontife nouveau, appelle à ne former désormais qu'une famille les peuples long-temps épars et dispersés, à n'avoir désormais qu'une voix les nations long-temps divisées par leurs langages, afin qu'avec un admirable concert de sentimens, de pensées et d'efforts, tous continuent sans jamais l'interrompre comme l'antique Babel, l'édifice nouveau où l'humanité, cessant de se méfier des promesses de Dieu, le bénira avec des transports toujours croissans de reconnaissance et d'amour!

CONCLUSION.

Après avoir donné une esquisse, très-imparfaite sans doute, du système Saint-Simonien, comme après avoir indiqué le vice radical incontestable de ce régime qui, consacrant l'isolement de l'homme et des fortunes, ne peut voir, tant qu'il subsistera, pour conséquence immédiate de ce principe sur lequel il se fonde, que la misère sans fin luttant contre l'égoïsme et l'oisiveté sous le nom d'anarchie : ce serait le lieu de donner quelques détails sur les moyens de réalisation dont s'est servi le Saint-Simonisme jusqu'à présent; ce serait le lieu de répondre à toutes ces objections sur l'impossibilité qu'il y a d'appliquer ce système, objections mille fois renouvelées et mille fois renversées; mais je ne veux pas m'arrêter à ce qu'on est las d'entendre, seulement je dirai un mot sur les calomnies qu'on ne leur ménage pas et bien à tort.

J'entends de toutes parts ceux qui possèdent exploitant toutes les crises politiques pour appuyer leurs craintes chimériques, crier au scandale, et signaler les Saints-Simoniens comme des semeurs de discordes, des factieux intéressés qui auraient le monstrueux courage d'élever leur fortune sur les débris d'une génération toute entière.

Mauvaise foi, méchanceté, ineptie, tout est là : ils ignorent donc ceux-là combien ceux qu'ils accusent sont persuadés que le seul moyen de propager une doctrine pacifique et de lui donner des bases à l'épreuve du temps et des calomnies, c'est de l'asseoir sur la conviction des peuples, c'est de la faire aimer parce qu'elle est raisonnable et bonne, et que ce n'est pas non plus au milieu du tumulte des guerres civiles que l'on peut accomplir cette œuvre?

Ils ignorent donc qu'il est un mal effrayant que n'ont pas fait les Saints-Simoniens, mais qu'ils voudraient guérir sans sortir de la paix ; mal contre lequel ils n'ont pas le bonheur d'arriver assez puissans pour conjurer l'orage qu'ils seraient contens de détourner sur leurs têtes au profit de qui les attaquent et les méconnaissent, mais dont ils redoutent cependant l'explosion subite et meurtrière?

Ils ignorent donc que par la mort du commerce, le malheur des temps et surtout l'insuffisance des institutions actuelles, la société toute entière est partagée en deux armées ennemies qui se trouvent en présence : l'une, inquiète, troublée jusqu'à l'effroi, et qui voudrait bien, si elle l'osait, tracer en lettres d'or sur un drapeau de pourpre : *Vivre en jouissant, ou mourir en combattant*, recule tremblante, et d'un œil hagard cherche en vain derrière elle quelque chose de fort pour s'appuyer ; l'autre, décharnée, affamée, menaçante, immense, debout sous ce long drapeau noir, avec la devise connue, est là aussi qui, l'œil en feu, s'élancerait terrible comme le désespoir en furie, si l'amour de l'ordre et de l'humanité, si l'instinct social, si la crainte de l'anarchie armée, si une faible lueur d'espérance ne l'enchaînait encore? Et sont-ils des factieux, ces hommes qui, au moment d'une crise aussi terrible, emportés par le plus noble dévouement, se jettent au milieu des deux partis rivaux pour, à tout risque, leur arracher les armes, conjurer les riches de se laisser fléchir, de ne pas reculer devant un sacrifice devenu nécessaire, et les autres d'attendre en silence, avec patience et courage, puis poser en même temps les fondemens d'une société nouvelle, où tous, riches et pauvres, doivent enfin trouver le bonheur, en confondant tous les titres et toutes les misères pour porter un nom qui n'est plus un vain nom, le doux nom de frères, gage certain de la félicité qui promet de combler toutes les espérance dans l'association universelle.

Je finis en renvoyant tous les hommes consciencieux aux ouvrages que la doctrine enfante tous les jours : elle y est développée et victorieusement justifiée sur tous les points ; moi je n'ai pu, je n'ai voulu qu'en donner une idée générale, et je déclare que si j'ai fait des erreurs, je les prends sur ma seule responsabilité.

FIN.

AU

PEUPLE DE MONTPELLIER.

ENFANS DU MIDI,

Vous êtes bons, et cependant vous nous faites du mal !
Nous vous aimons, et vous nous haïssez !
D'où vient cela ?
Ah ! le voici : VOUS NE NOUS CONNAISSEZ PAS.

On vous a dit : *Les Saint-Simoniens sont des impies ; ils viennent renverser la Religion de* JÉSUS-CHRIST.

Écoutez :

Quand JÉSUS-CHRIST, le DIVIN RÉDEMPTEUR des esclaves, expirait sur une croix, il demandait à DIEU grâce pour ses bourreaux, en disant : *Mon père, pardonnez-leur ; ils ne savent ce qu'ils font.*

Eh bien ! nous aussi, animés pour tous les hommes, nos frères, d'un pareil amour, nous vous pardonnons, car vous ne savez pas qui nous sommes.

Quand vous nous connaîtrez, vous ne nous traiterez plus en ennemis, mais vous nous chérirez comme vos meilleurs amis.

Et jusqu'à ce que vous nous connaissiez, vous aurez beau nous haïr et nous faire du mal ; nous vous aimerons toujours ; nous chercherons toujours à vous faire du bien.

Vous le savez : lorsque nous étions poursuivis de vos

huées et de vos pierres, qui d'entre nous vous a rendu le mal pour le mal? N'avez-vous pas vu sur nos visages le calme et la patience des premiers disciples de Jésus?

Si quelques-uns de nos amis prenaient notre défense, ne nous sommes-nous pas efforcés d'apaiser leur indignation? n'avons-nous pas retenu leurs bras de peur qu'ils ne vous fissent du mal?

Car, je vous le dis en vérité, nous aimons mieux être écrasés sur le pavé et mourir pour le salut du peuple, que de voir un seul d'entre vous, nos frères, frappé à cause de nous.

Ce n'est point la *guerre*, mais la *paix*, que nous venons mettre parmi les ENFANS DE DIEU.

Paix aux hommes de bonne volonté!

PAIX A TOUS LES HOMMES!!!

Et l'on dira que nous sommes des impies! que nous venons renverser la Religion!

Mais qu'est-ce donc que la piété? qu'est-ce que la Religion?

La PIÉTÉ! n'est-ce pas cette bonté patiente que nous vous témoignons sans cesse, et dont Jésus vous a donné l'exemple?

La RELIGION! n'est-ce pas *ce lien d'amour qui relie entre eux les hommes*, ENFANS DE DIEU, *et les fait vivre en frères?*

Et Jésus-Christ, qu'a-t-il prêché aux hommes?

Il leur a dit: Je suis le FILS de DIEU, nous sommes tous *fils* de DIEU, nous sommes tous frères.

Il nous l'a dit, et nous l'avons cru, et cependant nous avons continué de vivre en ennemis.

Car nous ignorions les *moyens* de vivre en frères.

Et aujourd'hui encore quel désordre parmi les hommes!

Leurs CŒURS sont livrés à la *haine*, leurs LANGUES à la *calomnie*, leurs BRAS à la *guerre*.

Est-ce donc là ce *règne* de DIEU, annoncé par Jésus ? ce *règne* de DIEU, que vous invoquez tous les jours en disant : *notre* PÈRE, *que votre* RÈGNE *arrive*, *que votre volonté soit faite* SUR LA TERRE *comme au Ciel* ?

Lorsque Jésus donna aux hommes cette prière prophétique, les temps n'étaient pas encore venus où l'humanité ne doit plus former qu'une seule famille.

Le Monde n'était pas prêt.

Mais Jésus a *enseigné* aux hommes qu'ils sont tous frères, et, par cette divine parole, il les a préparés à *pratiquer* un jour cette fraternité universelle qui est la véritable religion des ENFANS DE DIEU.

Aujourd'hui les temps sont venus.

Le Monde est prêt.

Et c'est pourquoi DIEU envoie au Monde une parole nouvelle.

Et nous, les nouveaux apôtres de cette providence, infiniment BONNE, *sage* et *puissante*, qui veille éternellement sur nous tous, nous venons apporter aux hommes les moyens de *pratiquer* la fraternité *enseignée* par Jésus.

Nous ne venons donc pas renverser la religion.

Et nous pouvons dire aux Chrétiens ce que Jésus disait aux Juifs :

Je ne viens pas abolir la loi, mais l'accomplir.

Or, cette LOI, vous la connaissez :

A CHACUN SELON SES MÉRITES.

Telle est la véritable justice ;

Telle est votre sainte volonté, ô mon DIEU !

QU'ELLE SOIT FAITE SUR LA TERRE COMME AU CIEL !

QUE VOTRE RÈGNE ARRIVE !!!

VIDAL,
Apôtre, Compagnon de la FEMME.

Montpellier, 20 Mars 1833.

Nota. J'exposerai dans une nouvelle feuille quels sont les *moyens* que nous apportons aux hommes de *pratiquer* la volonté de DIEU ; en d'autres termes, ce que nous voulons faire pour le bonheur du peuple.

Le peuple, victime malheureuse de toutes les injustices de la terre, le peuple dont le travail utile n'est payé que par la misère et le mépris, le peuple surtout doit désirer avec ardeur la prompte réalisation de notre œuvre.

Je donnerai chez moi toutes les explications que l'on voudra bien me demander. Tout le monde peut venir. Je recevrai depuis 3 heures de l'après-midi jusqu'à 8 heures du soir, excepté les jours où j'irai à la journée ; car je me suis fait travailleur, comme le peuple, pour prouver au peuple que je l'aime en vivant de sa vie, et pour donner à tous l'exemple du travail.

Mon adresse est, rue Puits-du-Palais, n° 3.

AU PEUPLE.

PEUPLE,

C'est TOI dont le bras infatigable laboure, plante, sème, moissonne;

C'est TOI qui bâtis les granges, les maisons, les palais et les temples;

C'est TOI dont la féconde industrie tisse les habits somptueux et les brillantes parures;

C'est TOI enfin, PEUPLE, qui *produis tout !....*

C'est aussi TOI, PEUPLE, qui ne *jouis de rien !!*

Le TRAVAIL et la MISÈRE !

Voilà ta cruelle destinée.

Et ce n'est pas tout.

Comme s'il ne suffisait pas que tu arroses la terre de tes *sueurs* et de tes *larmes*, il faut encore que tu l'inondes de ton SANG !

La GUERRE ! la GUERRE !

PAUVRE PEUPLE !

C'est TON SANG qui ruisselle sur les champs de bataille.

On t'arrache au TRAVAIL, pour te livrer à la MORT !

Et *tes enfans*, qui en prend soin ? — Personne.

Ils sont laissés à ta charge.

A ta charge ! PAUVRE PEUPLE ! mais n'es-tu pas déjà trop chargé ?

Tu peux à peine, par un travail excessif, soutenir ta misérable existence; il faut encore que tu nourrisses, que tu élèves tes enfans !

Aussi quelle éducation reçoivent-ils ?

(16

Obligés de gagner leur vie dès l'âge le plus tendre, ils se livrent à un travail abrutissant et ne peuvent parvenir à rien.

Mais, dira-t-on peut-être, les enfans *appartiennent* à leurs parens; la société ne peut s'en *occuper*.

Mensonge!

Tendres mères, s'ils vous *appartiennent*, pourquoi vient-on vous les *ravir* au jour de la conscription?

Alors, mais alors seulement, la société *s'occupe* de vos enfans;

Oui, pour en faire des *machines à tuer*, de la *chair à canon!*

Et *tes vieillards*, PAUVRE PEUPLE! que deviennent-ils?

Lorsque le poids des ans les courbe vers la terre et les approche du tombeau, le repos serait si nécessaire à leurs têtes blanches!

— Eh bien! non; ils ne se reposeront pas!

— Ils ont tant travaillé pourtant?

— N'importe; il faut encore qu'*ils* travaillent, et qu'ils meurent à la peine!!

PEUPLE! PEUPLE!

Que tu es malheureux! que ton sort est à plaindre!

Mais va, console-toi; prends patience.

Espère en DIEU.

Espère en NOUS.

Cette terre, vallée de larmes, qui n'eut pour toi, jusqu'à ce jour, que des ronces sèches, que des épines sanglantes, tu la *maudissais* comme une TERRE D'EXIL.

Mais bientôt, changée en un lieu de délices, elle n'aura plus pour toi que des fleurs aux couleurs riantes, des fruits aux parfums délicieux, et tu la *béniras* comme ta CÉLESTE PATRIE.

Car *le* RÈGNE DE DIEU *arrive;*

Sa volonté va être faite SUR LA TERRE *comme au* CIEL.

PEUPLE, tu le vois, nous connaissons ton mal;
Mais en savons-nous le remède ?
Oui, nous le savons; écoute :
L'ISOLEMENT dans lequel tu languis, voilà la cause de ton malheur.
L'ASSOCIATION sera le remède à toutes tes souffrances.

Jusqu'à ce jour tu as gagné ta vie comme tu l'as pu, sans que personne vînt jamais s'informer si tu avais du travail et du pain.

Ton voisin, s'il exerce la même profession que toi, est souvent ton plus grand ennemi; il ne cherche point à te procurer de l'ouvrage, mais, au contraire, à t'enlever celui que tu peux avoir.

Dans l'avenir tu ne seras plus abandonné à toi-même, à ta faiblesse, à ta misère.

Tu n'auras plus d'ennemis intéressés à ta ruine, t'arrachant le travail des mains et le pain de la bouche.

Tous t'aimeront, tous seront tes soutiens et tes protecteurs;

Car tous les hommes se sentiront FRÈRES, et tous seront associés en une seule famille.

Or, dans cette FAMILLE UNIVERSELLE,

L'ÉDUCATION sera donnée à TOUS indistinctement, au fils du plus pauvre, comme au fils du plus riche.

Car *tous* les enfans sont égaux *devant* DIEU, *dans le* CIEL;

Pourquoi ne le seraient-ils pas *devant* LES HOMMES, *sur la* TERRE ?

Ne sont-ils pas tous également nus et faibles en naissant ?

Et si l'on donne à tous des langes pour les couvrir, le sein d'une femme pour les allaiter, pourquoi refuserait-on au plus grand nombre l'éducation qui doit développer leurs facultés ?

N'est-il pas d'ailleurs dans l'intérêt de la société de former des citoyens capables de la bien servir ?

C'est ainsi que le laboureur sème pour récolter un jour.

L'Éducation sera entièrement *gratuite*.

Non-seulement les parens n'auront pas à payer les soins que l'on donnera à leurs enfans, mais encore ils seront déchargés de tous les frais de leur nourriture et de leur entretien.

Rien de plus juste; car s'ils n'avaient pas les moyens de nourrir et entretenir leurs enfans sans rien faire, faudrait-il que ceux-ci fussent privés de l'éducation à laquelle tous ont un droit égal ?

L'Éducation sera divisée en deux parties, l'une *morale*, l'autre *professionnelle*.

L'Éducation morale sera la première et la plus importante.

Elle aura pour objet d'initier les enfans au sentiment de la *fraternité universelle*, d'inculquer dans *chacun d'eux* l'amour de *tous* les hommes, *enfans égaux* d'un *seul* DIEU ; en un mot, de former leurs jeunes cœurs à la vertu, en leur inspirant des sympathies douces et religieuses.

L'Éducation professionnelle viendra ensuite.

Elle aura pour objet de développer les différentes facultés des enfans, et de leur enseigner à chacun suivant ses dispositions naturelles ;

Soit un art, comme la poésie, la musique, la peinture ou la sculpture ;

Soit une *science*, comme les mathématiques, la physique, l'histoire naturelle ou la botanique ;

Soit une *industrie*, comme la menuiserie, la serrurerie, l'agriculture ou le négoce.

Ainsi l'éducation ne consistera plus seulement à enseigner aux enfans la lecture, l'écriture et le calcul.

Car, si tous les hommes ne savaient que cela, ils périraient bientôt et de froid et de faim.

Mais tous les enfans apprendront des états, chacun selon son goût, selon *sa vocation* qui vient de DIEU, et non selon *le hasard de sa naissance*, selon la condition de son père.

Pourquoi le fils d'un simple ouvrier, s'il a des talens, ne deviendrait-il pas ingénieur, médecin ou magistrat !

LA FONCTION sera donnée à *chacun* suivant SA CAPACITÉ.

On le sent, rien de plus *juste*, rien de plus *utile*.

La société fournira à *chacun* l'instrument de son travail.

A l'un une terre, à l'autre un atelier, à celui-ci une boutique, à celui-là une bibliothèque.

La SOCIÉTÉ sera organisée comme une ARMÉE.

Mais au lieu que les armées d'aujourd'hui sont *guerrières* et ont pour but la *destruction*, les armées de l'avenir seront *pacifiques* et n'auront d'autre but que la *production*.

L'ouvrier sera, comme le soldat, mais beaucoup mieux que le soldat, logé, vêtu, nourri, etc.

Il pourra s'élever et monter en grade, d'ouvrier devenir chef, comme le soldat devient caporal, sergent, etc.

Il n'aura jamais à craindre que le travail lui manque, car la société qui l'adopte se charge de lui en fournir.

Ainsi plus de MENDICITÉ; plus d'hommes réduits, par le manque d'ouvrage, à tendre aux passans une main suppliante.

Plus d'AUMÔNE; elle avilit l'homme, elle engendre la fainéantise et toutes sortes de vices, et ne guérit pas la misère du pauvre.

Il y aura du travail pour *tous*, et ce travail sera payé *convenablement*, bien mieux qu'il ne l'a jamais été.

Car, dans cette ORGANISATION DE L'INDUSTRIE, il n'y aura plus de *concurrence*.

La CONCURRENCE est la RUINE des *travailleurs*.

C'est elle qui fait baisser le prix de l'ouvrage, et par conséquent le salaire de l'ouvrier.

Alors les *machines*, qui, aujourd'hui, coupent les bras des ouvriers, au profit de quelques fabricans, seront employées très-avantageusement au profit de tous les associés;

Car, au lieu d'appartenir à quelques individus, elles appartiendront à la société.

Et tandis que, d'une part, elles diminueront la peine de l'ouvrier, d'autre part elles serviront à fabriquer une plus grande masse de produits.

Elles faciliteront ainsi le travail et augmenteront la richesse.

LA RÉTRIBUTION sera donnée à *chacun*, suivant SES ŒUVRES.

On ne verra plus le *travail* languissant dans l'*indigence* et l'*opprobre*, pendant que l'*oisiveté* se redresse dans l'*opulence* et l'*orgueil*.

Et surtout l'on ne verra plus des *travailleurs* et des *oisifs* se frappant d'une HAINE réciproque.

Tous les hommes vivront en *frères* dans la *grande famille*.

TOUS TRAVAILLERONT,

Non par *force*, mais par *vertu* et même par *plaisir*.

Par vertu, car, dès leur plus tendre enfance, ils auront appris que tous les hommes sont égaux, et que le travail est la *commune loi*.

Par plaisir, car le travail sera devenu extrêmement facile et agréable.

Personne ne viendra dire : *je ne travaille pas, je suis riche, je vis de mes rentes.*

Car, *vivre de ses rentes,* c'est VIVRE DES SUEURS DU PEUPLE.

Plus d'OISIVETÉ ! On la méprisera dans l'avenir, comme aujourd'hui les soldats méprisent la LACHETÉ.

L'oisiveté est la mère de tous les vices.

Pour avoir le droit de ne rien faire, de se reposer, il faut avoir déjà travaillé.

LA RETRAITE vient *après* le TRAVAIL.

Tous les travailleurs auront une retraite assurée pour la fin de leurs jours ; retraite honorable, pleine de douceurs et de charmes, où le vieillard trouvera enfin la digne récompense des longues fatigues de sa vie.

La vieillesse ne sera point, comme aujourd'hui, condamnée au travail ou à la mendicité, ou bien reléguée, avec un avare mépris, dans une *maison de charité.*

Mais le vieillard, entouré d'une famille qui l'aime sincèrement et qui n'attend point sa mort avec une sordide impatience, pourra s'endormir doucement dans le sein de son DIEU ;

Et l'immense bonheur qui est assuré à ses enfans sourira à ses yeux demi-éteints comme la plus brillante consolation.

PEUPLE, voilà le sort que nous voulons te faire ; Juge maintenant si nous sommes tes amis.

Mais comment parviendrons-nous à réaliser cette ère de bonheur que nous te prophétisons ?

Déjà je te vois brandissant un fer aigu, ou saisissant un lourd pavé pour terrasser tes ennemis.

Arrête-toi.

Ce n'est point par la *guerre,* mais par *la paix* seule que nous obtiendrons pour toi cette nouvelle LIBERTÉ.

Jusqu'à ce jour, PAUVRE PEUPLE, tu as été le jouet des

partis qui te poussaient sur les places publiques ou sur les champs de batailles, à l'émeute ou à la guerre.

Dis-le-moi, que t'en revenait-il ?

Tu abandonnais au désespoir et à la misère tes femmes, tes enfans, tes mères, tes vieillards.

Tu triomphais par ton courage héroïque, car tu voulais *vaincre* ou *mourir*.

Mais d'autres n'arrivaient-ils pas aussitôt, qui t'escamotaient la victoire ?

Car ils craignaient ou feignaient de craindre que ton ardeur généreuse ne se changeât en fureur de pillage.

Et, tout couvert de blessures sanglantes, tes membres mutilés, l'on te chassait indignement, plus misérable que jamais, au fond de tes réduits obscurs ;

Ou bien, par une pitié ironique et cruelle, on t'accordait la faveur d'*une place à l'hôpital*.

PAUVRE PEUPLE ! comme on te jouait !

C'est pourquoi nous qui sommes tes vrais amis, nous qui connaissons ton mal et qui en savons le remède ;

Nous ne te disons pas : VAS TE BATTRE.

Mais nous te disons : TRAVAILLE.

PLUS D'ÉMEUTES ! PLUS DE GUERRE !

PLUS DE SANG !

LA PAIX ! LA PAIX ! VIVE LA PAIX ! ! !

VIDAL,

Apôtre, Compagnon de la FEMME.

Montpellier, 27 Mars 1833.

NOTA. J'exposerai dans une nouvelle feuille un résumé de nos théories en économie politique ; on y verra par quels *moyens* nous prétendons réaliser *pacifiquement* l'ère de bonheur que nous annonçons au peuple.

Mon adresse est : rue Puits-du-Palais, n° 3.

AU PEUPLE.

PEUPLE,

C'est TOI dont le bras infatigable laboure, plante, sème, moissonne;

C'est TOI qui bâtis les granges, les maisons, les palais et les temples;

C'est TOI dont la féconde industrie tisse les habits somptueux et les brillantes parures;

C'est TOI enfin, PEUPLE, qui *produis tout!* ..

C'est aussi TOI, PEUPLE, qui ne *jouis de rien!!*

Le TRAVAIL et la MISÈRE!

Voilà ta cruelle destinée.

Et ce n'est pas tout.

Comme s'il ne suffisait pas que tu arroses la terre de tes *sueurs* et de tes *larmes*, il faut encore que tu l'inondes de ton sang!

LA GUERRE! LA GUERRE!

PAUVRE PEUPLE!

C'est TON SANG qui ruisselle sur les champs de bataille.

On t'arrache au TRAVAIL, pour te livrer à la MORT!

Et *tes enfans*, qui en prend soin? — Personne.

Ils sont laissés à ta charge.

A ta charge! PAUVRE PEUPLE! mais n'es-tu pas déjà trop chargé?

Tu peux à peine, par un travail excessif, soutenir ta misérable existence; il faut encore que tu nourrisses, que tu élèves tes enfans!

Aussi quelle éducation reçoivent-ils?

Obligés de gagner leur vie dès l'âge le plus tendre, ils se livrent à un travail abrutissant et ne peuvent parvenir à rien.

Mais, dira-t-on peut-être, les enfans *appartiennent* à leurs parens; la société ne peut s'en *occuper*.

Mensonge!

Tendres mères, s'ils vous *appartiennent*, pourquoi vient-on vous les *ravir* au jour de la conscription?

Alors, mais alors seulement, la société *s'occupe* de vos enfans;

Oui, pour en faire des *machines à tuer*, de la *chair à canon!*

Et *tes vieillards*, PAUVRE PEUPLE! que deviennent-ils?

Lorsque le poids des ans les courbe vers la terre et les approche du tombeau, le repos serait si nécessaire à leurs têtes blanches!

— Eh bien! non; ils ne se reposeront pas!

— Ils ont tant travaillé pourtant?

— N'importe; il faut encore qu'ils travaillent, et qu'ils meurent à la peine!!

PEUPLE! PEUPLE!

Que tu es malheureux! que ton sort est à plaindre!

Mais va, console-toi; prends patience.

Espère en DIEU.

Espère en NOUS.

Cette terre, vallée de larmes, qui n'eut pour toi, jusqu'à ce jour, que des ronces sèches, que des épines sanglantes, tu la *maudissais* comme une TERRE D'EXIL.

Mais bientôt, changée en un lieu de délices, elle n'aura plus pour toi que des fleurs aux couleurs riantes, des fruits aux parfums délicieux, et tu la *béniras* comme ta CÉLESTE PATRIE.

Car *le* REGNE DE DIEU *arrive;*

Sa volonté va être faite sur la TERRE *comme au* CIEL.

PEUPLE, tu le vois, nous connaissons ton mal;
Mais en savons-nous le remède?
Oui, nous le savons; écoute:
L'ISOLEMENT dans lequel tu languis, voilà la cause de ton malheur.
L'ASSOCIATION sera le remède à toutes tes souffrances.

Jusqu'à ce jour tu as gagné ta vie comme tu l'as pu, sans que personne vînt jamais s'informer si tu avais du travail et du pain.
Ton voisin, s'il exerce la même profession que toi, est souvent ton plus grand ennemi; il ne cherche point à te procurer de l'ouvrage, mais, au contraire, à t'enlever celui que tu peux avoir.

Dans l'avenir tu ne seras plus abandonné à toi-même, à ta faiblesse, à ta misère.
Tu n'auras plus d'ennemis intéressés à ta ruine, t'arrachant le travail des mains et le pain de la bouche.
Tous t'aimeront, tous seront tes soutiens et tes protecteurs;
Car tous les hommes se sentiront FRÈRES, et tous seront associés en une seule famille.

Or, dans cette FAMILLE UNIVERSELLE,

L'ÉDUCATION sera donnée à TOUS indistinctement, au fils du plus pauvre, comme au fils du plus riche.
Car *tous* les enfans sont égaux *devant* DIEU, *dans le* CIEL;
Pourquoi ne le seraient-ils pas *devant* LES HOMMES, *sur la* TERRE?
Ne sont-ils pas tous également nus et faibles en naissant?
Et si l'on donne à tous des langes pour les couvrir, le sein d'une femme pour les allaiter, pourquoi refu-

serait-on au plus grand nombre l'éducation qui peut seule développer leurs facultés ?

N'est-il pas d'ailleurs dans l'intérêt de la société de former des citoyens capables de la bien servir ?

C'est ainsi que le laboureur sème pour récolter un jour.

L'ÉDUCATION sera entièrement *gratuite*.

Non seulement les parens n'auront pas à payer les soins que l'on donnera à leurs enfans, mais encore ils seront déchargés de tous les frais de leur nourriture et de leur entretien.

Rien de plus juste; car s'ils n'avaient pas les moyens de nourrir et entretenir leurs enfans sans rien faire, faudrait-il que ceux-ci fussent privés de l'éducation à laquelle TOUS ont un droit égal?

L'ÉDUCATION sera divisée en deux parties, l'une *morale*, l'autre *professionnelle*.

L'ÉDUCATION MORALE sera la première et la plus importante.

Elle aura pour objet d'initier les enfans au sentiment de la *fraternité universelle*, d'inculquer dans *chacun d'eux* l'amour de *tous* les hommes, *enfans égaux* d'un *seul* DIEU ; en un mot, de former leurs jeunes cœurs à la vertu, en leur inspirant des sympathies douces et religieuses.

L'ÉDUCATION PROFESSIONNELLE viendra ensuite.

Elle aura pour objet de développer les différentes facultés des enfans, et de leur enseigner à chacun suivant ses dispositions naturelles ;

Soit un ART, comme la poésie, la musique, la peinture ou la sculpture ;

Soit une *science*, comme les mathématiques, la physique, l'histoire naturelle ou la botanique ;

Soit une *industrie*, comme la menuiserie, la serrurerie, l'agriculture ou le négoce.

Ainsi l'éducation ne consistera plus seulement à enseigner aux enfans la lecture, l'écriture et le calcul.

Car, si tous les hommes ne savaient que cela, ils périraient bientôt et de froid et de faim.

Mais tous les enfans apprendront des états, chacun selon son goût, selon *sa vocation* qui vient de DIEU, et non selon *le hasard de sa naissance*, selon la condition de son père.

Pourquoi le fils d'un simple ouvrier, s'il a des talens, ne deviendrait-il pas ingénieur, médecin ou magistrat?

LA FONCTION sera donnée à *chacun* suivant SA CAPACITÉ.

On le sent, rien de plus *juste*, rien de plus *utile*.

La société fournira à *chacun* l'instrument de son travail;

A l'un une terre, à l'autre un atelier, à celui-ci une boutique, à celui-là une bibliothèque.

La SOCIÉTÉ sera organisée comme une ARMÉE.

Mais au lieu que les armées d'aujourd'hui sont *guerrières* et ont pour but la *destruction*, les armées de l'avenir seront *pacifiques* et n'auront d'autre but que la *production*.

L'ouvrier sera, comme le soldat, mais beaucoup mieux que le soldat, logé, vêtu, nourri, etc.

Il pourra s'élever et monter en grade, d'ouvrier devenir chef, comme le soldat devient caporal, sergent, etc.

Il n'aura jamais à craindre que le travail lui manque, car la société qui l'adopte se charge de lui en fournir.

Ainsi plus de MENDICITÉ; plus d'hommes réduits par le manque d'ouvrage, à tendre aux passans une main suppliante.

Plus d'AUMÔNE; elle avilit l'homme, elle engendre la fainéantise et toutes sortes de vices, et ne guérit pas la misère du pauvre.

Il y aura du travail pour *tous*, et ce travail sera payé *convenablement*, bien mieux qu'il ne l'a jamais été.

Car, dans cette ORGANISATION DE L'INDUSTRIE, il n'y aura plus de *concurrence*.

La CONCURRENCE est la RUINE des *travailleurs*.

C'est elle qui fait baisser le prix de l'ouvrage, et par conséquent le salaire de l'ouvrier.

Alors les *machines*, qui, aujourd'hui, coupent les bras des ouvriers, au profit de quelques fabricans, seront employées très-avantageusement au profit de tous les associés;

Car, au lieu d'appartenir à quelques individus, elles appartiendront à la société.

Et tandis que, d'une part, elles diminueront la peine de l'ouvrier, d'autre part, elles serviront à fabriquer une plus grande masse de produits.

Elles faciliteront ainsi le travail et augmenteront la richesse.

LA RÉTRIBUTION sera donnée à *chacun*, suivant SES ŒUVRES.

On ne verra plus le *travail* languissant dans l'*indigence* et l'*opprobre*, pendant que l'*oisiveté* se redresse dans l'*opulence* et l'*orgueil*.

Et surtout l'on ne verra plus des *travailleurs* et des *oisifs* se frappant d'une HAINE réciproque.

Tous les hommes vivront en *frères* dans la *grande famille*.

TOUS TRAVAILLERONT,

Non par *force*, mais par *vertu* et même par *plaisir*;

Par vertu, car dès leur plus tendre enfance, ils auront appris que tous les hommes sont égaux, et que le travail est la *commune loi*.

Par plaisir, car le travail sera devenu extrêmement facile et agréable.

Personne ne viendra dire : *Je ne travaille pas, je suis riche, je vis de mes rentes.*

Car, *vivre de ses rentes*, c'est VIVRE DES SUEURS DU PEUPLE.

Plus d'OISIVETÉ ! On la méprisera dans l'avenir, comme aujourd'hui les soldats méprisent la LACHETÉ.

L'oisiveté est la mère de tous les vices.

Pour avoir le droit de ne rien faire, de se reposer, il faut avoir déjà travaillé.

LA RETRAITE est assurée à TOUS les TRAVAILLEURS ;

Retraite honorable, pleine de douceurs et de charmes, où le vieillard trouvera enfin la digne récompense des longues fatigues de sa vie.

La vieillesse ne sera point, comme aujourd'hui, condamnée au travail ou à la mendicité, ou bien reléguée, avec un avare mépris, dans une *maison de charité.*

Mais le vieillard, entouré d'une famille qui l'aime sincèrement et qui n'attend point sa mort avec une sordide impatience, pourra s'endormir doucement dans le sein de son DIEU ;

Et l'immense bonheur qui est assuré à ses enfans, sourira à ses yeux demi-éteints, comme la plus brillante consolation.

PEUPLE, voilà le sort que nous voulons te faire ; Juge maintenant si nous sommes tes amis.

Mais comment parviendrons-nous à réaliser cette ère de bonheur que nous te prophétisons ?

Déjà je te vois brandissant un fer aigu, ou saisissant un lourd pavé pour terrasser tes ennemis.

Arrête-toi.

Ce n'est point par la *guerre*, mais par la *paix* seule que nous obtiendrons pour toi cette nouvelle LIBERTÉ.

Jusqu'à ce jour, PAUVRE PEUPLE, tu as été le jouet

des partis qui te poussaient sur les places publiques ou sur les champs de bataille, à l'émeute ou à la guerre.

Dis-le-moi, que t'en revenait-il?

Tu abandonnais au désespoir et à la misère tes femmes, tes enfans, tes mères, tes vieillards.

Tu triomphais par ton courage héroïque, car tu voulais *vaincre* ou *mourir*.

Mais d'autres n'arrivaient-ils pas aussitôt, qui t'escamotaient la victoire?

Car ils craignaient ou feignaient de craindre que ton ardeur généreuse ne se changeât en fureur de pillage.

Et, tout couvert de blessures sanglantes, tes membres mutilés, l'on te chassait indignement, plus misérable que jamais, au fond de tes réduits obscurs;

Ou bien, par une pitié ironique et cruelle, on t'accordait la faveur d'*une place à l'hôpital*.

PAUVRE PEUPLE! comme on te jouait!

C'est pourquoi nous qui sommes tes vrais amis, nous qui connaissons ton mal et qui en savons le remède,

Nous ne te disons pas : VA TE BATTRE.

Mais nous te disons : TRAVAILLE.

PLUS D'ÉMEUTES! PLUS DE GUERRE!

PLUS DE SANG!

LA PAIX! LA PAIX! VIVE LA PAIX!!!

VIDAL,

Apôtre, Compagnon de la FEMME.

BÉZIERS, IMPR. MARIOGE.

www.ingramcontent.com/pod-product-compliance
Ingram Content Group UK Ltd.
Pitfield, Milton Keynes, MK11 3LW, UK
UKHW021223230726
13926UKWH00003B/1195